自民党諸君に告ぐ

福田赳夫の霊言

RYUHO OKAWA
大川隆法

JN168336

まえがき

先に出した『天才の復活　田中角栄《たなかかくえい》の霊言《れいげん》』と対《つい》になるものとして、角栄さんの最大のライバルであった福田赳夫元総理《ふくだたけおもとそうり》に霊言を頂《いただ》いた。二人の霊言集を読み比べてみて、現代の政治経済、国防に関する認識、態度《たいど》を比較して勉強すると、得《え》られるものが多いだろう。

福田元総理は、本来、自民党の研修会ででも話したかったようで、当会のＨＳ政《せい》経塾生《けいじゅくせい》相手では、少々《しょうしょう》ご不満だったようだ。

アメリカのように、時には九十八％の国民が「神の存在を信じる」というお国柄《くにがら》とは違って、正面から聞くと十数％ぐらいしか神を信じてない日本である。

初詣《はつもうで》とか、墓参《はかまい》り、おみくじ、お護《まも》り程度《ていど》の、物体関連《ぶったいかんれん》の薄《うす》い信仰心しか持っていない現代の日本人に、まず「心の復興《ふっこう》」を促《うなが》さなくては、この国の唯物論経《ゆいぶつろんけい》済《ざい》の低迷《ていめい》さえ、軌道修正《きどうしゅうせい》は難《むずか》しいと感じた。「霊言」を政策提言《せいさくていげん》として真正面《ましょうめん》から捉《とら》える人が増えることを望む。

二〇一六年　四月十九日

幸福《こうふく》の科学《かがく》グループ創始者兼総裁《そうししゃけんそうさい》
ＨＳ政経塾創立者兼名誉塾長《せいけいじゅくそうりつしゃけんめいよじゅくちょう》　大川隆法《おおかわりゅうほう》

自民党諸君に告ぐ　福田赳夫の霊言　目次

自民党諸君に告ぐ　福田赳夫《ふくだたけお》の霊言《れいげん》

二〇一六年三月十日　収録
東京都・幸福の科学　教祖殿《きょうそでん》　大悟館《たいごかん》にて

「霊言《れいげん》現象」とは、あの世の霊存在の言葉を語り下ろす現象のことをいう。これは高度な悟《さと》りを開いた者に特有のものであり、「霊媒《れいばい》現象」（トランス状態になって意識を失い、霊が一方的にしゃべる現象）とは異なる。

なお、「霊言」は、あくまでも霊人の意見であり、幸福の科学グループとしての見解と矛盾《むじゅん》する内容を含《ふく》む場合がある点、付記しておきたい。

自民党諸君に告ぐ
福田赳夫《ふくだたけお》の霊言《れいげん》

二〇一六年三月十日　収録

東京都・幸福の科学　教祖殿《きょうそでん》　大悟館《たいごかん》にて

福田赳夫《ふくだたけお》（一九〇五～一九九五）

政治家。群馬《ぐんま》県出身。東京帝国《ていこく》大学法学部を卒業後、大蔵省《おおくらしょう》に入省し、主計局長を務めたのち、政界へ転身。自民党政調会長、幹事長を務めたほか、農林・大蔵・外務大臣等を歴任し、第67代首相となる。なお、学歴・外交・経済政策等、福田と対照的な立場だった田中角栄《たなかかくえい》とは、長年、「角福《かくふく》戦争」と呼ばれる政争を繰《く》り広げた。

質問者　※質問順

綾織次郎《あやおりじろう》（幸福の科学常務理事 兼《けん》「ザ・リバティ」編集長 兼 HSU講師）

数森圭吾《かずもりけいご》（HS政経塾《せいけいじゅく》第四期生）

表奈就子《おもてなつこ》（HS政経塾第五期生）

窪田真人《くぼたまさと》（HS政経塾第四期生）

山本慈《やまもとめぐみ》（HS政経塾第六期生）

［役職は収録時点のもの］

1　田中角栄《たなかかくえい》のライバル、福田赳夫《ふくだたけお》を招霊《しょうれい》する

「田中角栄《たなかかくえい》の霊言《れいげん》」に続き、「福田赳夫《ふくだたけお》の霊言」を試みたい

大川隆法　先般《せんぱん》、ＨＳ政経塾《せいけいじゅく》（政治家・企業家《きぎょうか》を輩出《はいしゅつ》するための社会人教育機関）の塾生を対象に、田中角栄《たなかかくえい》元総理の霊言《れいげん》を録《と》りました（二〇一六年三月八日収録。『天才の復活　田中角栄の霊言』〔ＨＳ政経塾刊〕参照）。

そこで、「次は福田赳夫《ふくだたけお》さんの霊言を録ろうか」と提案したところ、すぐに、ＨＳ政経塾のほうから、「いつでも大丈夫《だいじょうぶ》です！」と返事が来たのです。

そもそも、福田さんの収録は来週にするつもりでいたのですが、講演会まで待ってくれない感じでし

『天才の復活　田中角栄の霊言』（ＨＳ政経塾刊）

た（笑）（注。本収録の三日後の二〇一六年三月十三日に、福岡市《ふくおか》・マリンメッセ福岡において、「時代を変える奇跡《きせき》の力」と題する講演を控《ひか》えていた）。

というのは、朝から、自民党系の人たちが大勢、夢枕《ゆめまくら》に立って、「幸福の科学と研修会を一緒《いっしょ》にやろう」と言われているような夢を繰《く》り返し見るのです。

これについては、先日、角栄さんの霊言を録ったことが伝わっているのか、あるいは、「福岡で大講演会を行う」という話が入っているのか、そのあたりについてはよく分かりません。

ただ、今、世論《せろん》が大きく二つに割れていこうとしているし、野党もグループを組もうとしているので、何かそうした関係ではないかと思います。

ということで、今日は、何かしないと騒《さわ》がしそうな感じがするので、福田赳夫さんの霊言を早めに収録したほうがよいのかなと思いました。

「エリート官僚《かんりょう》」から政治家への道を歩んだ福田赳夫氏

大川隆法　なお、息子《むすこ》さんの福田康夫《やすお》さんが最近の総理をされた（二〇〇七年～二〇〇八年、第九十一代総理大臣）ので、そちらのほうを覚えている人が多いかと思います。康夫さんのほうは、どちらかといえば、温厚《おんこう》でおとなしい感じのイメージがあるでしょう。

一方、お父さんの赳夫さんのほうは、そういった感じではなかったと思います。福田赳夫さんは、昭和の初めに官界に入られた方です。もともとは、日露《にちろ》戦争が終わった年に、群馬《ぐんま》県高崎《たかさき》市の農家の次男にお生まれになって、そこから、「一高、東大法学部」という、昔の典型的なエリートコースを歩まれました。頭がよかったのでしょう。高崎の農家の次男が出てくるのだから、そうだったのだと思います。

ちなみに、真偽《しんぎ》のほどは知りませんけれども、噂《うわさ》としては、「一高、東大法学部、大蔵省《おおくらしょう》（採用試験）と首席だった」という説もあります。ただ、このへんはいくらでも言い放題なので、今となっては分かりません。そうだったかもしれないし、ある程度、優秀《ゆうしゅう》だったのは間違《まちが》いないと思います。

それで、大蔵省に入られて、主計局長まで行かれたのですが、「昭電疑獄《しょうでんぎごく》」という汚職《おしょく》事件に引っ掛《か》かって、収賄《しゅうわい》罪の容疑で追われ、一度、逮捕《たいほ》されました。しかし、無罪になり、そのあと、事務次官になる直前に退官して、政治家に立候補して当選したのです。

佐藤栄作《さとうえいさく》氏の後任をめぐって始まった「角福《かくふく》戦争」

大川隆法　ただ、「官僚《かんりょう》で局長までやると、総理になるのが遅《おそ》くなる」という話があって、私たちの学生のころでも、「だいたい課長補佐《ほさ》ぐらいで辞《や》めなければ、総理にはなれない。課長以上まで役所にいたら、もうなれない」というように言われてはいました。

実際、福田さんは、局長をやったあとに政治家になったので、やはり、総理になるのが少し遅《おく》れ、年齢《ねんれい》的には年下の田中角栄さんのほうに、先に総理になられてしまいました。このとき、有名な「角福《かくふく》戦争」「十年戦争」があったわけです。

なお、私が高校に入ったころ（一九七二年）に、佐藤栄作《さとうえいさく》さんが七年八カ月の長期政権を終えて退陣《たいじん》されました。佐藤栄作さんは、お兄さんの岸信介《きしのぶすけ》さん（元総理）ほど秀才ではないけれども、いちおう、五高（熊本《くまもと》大学の前身）からの東大法学部卒です。

彼は、七年八カ月やって、後任は当然、福田さんにするつもりでいたようですし、福田さんもそのつもりでいました。

一方で、当時、佐藤さんは、確か何度か、金庫番として、田中角栄さんを幹事長にしていたと思います。角栄さんはお金集めがうまかったので、佐藤さんは角栄さ

佐藤栄作元総理が霊言で日本経済復活のアイデアを語る。
『新・高度成長戦略』
（幸福の科学出版刊）

岸信介元総理は現代日本の国防をどう見ているのか。
『日米安保クライシス──丸山眞男 vs. 岸信介──』
（幸福の科学出版刊）

んに、「お金を集めて配らせる」というダーティーな役を引き受けさせるつもりで幹事長をやらせていたわけです。

ところが、けっこう、幹事長というのは権力を握《にぎ》ってしまうものであり、角栄さんは、「黙《だま》って福田に政権は譲《ゆず》らん」ということで、一種の〝クーデター〟を起こしたのだと思います。佐藤総理のほうは、どちらかといえば、福田さんのほうを指名していたのですが、角栄さんが「数の力で乗っ取った」というかたちでしょうか。

ちなみに、角栄さんは、当時五十四歳《さい》ぐらいでしたが、「戦後初の大正生まれの総理が誕生した」ということで、誕生のときには、マスコミも全体に好意的だったと思います。

ともあれ、「一高、東大法学部卒の秀才・福田赳夫」対「高等小学校卒の田中角栄」という典型的な経歴の対決、「官僚から政治家転身型のエリート」対「叩《たた》き上げの政治家」という対決になりました。

そして、角栄さんが先に首相になったのです。

「タカ派」で「経済通《つう》」だったが、現在の考えは分からない

大川隆法　ところが、当時は、運悪くオイルショックもありましたし、物価の高騰《こうとう》もありました。いろいろ難しくて、角栄さんは、福田さんに大蔵大臣をやってもらったりもしていたのですが、角栄さんの金権問題等が出てきて、福田さんが喧嘩《けんか》を売るようなかたちで大蔵大臣を辞職してしまうのです。もちろん、福田さんは、総理になるつもりで辞めたのだと思います。

しかし、そのあと、角栄さんの退陣後に「椎名裁定《しいなさいてい》」というものがあって、「クリーン三木《みき》」「金と力はなかりけり」と言われる、徳島《とくしま》県出身の三木武夫《たけお》さんが、総理になったりしました。

ですから、私の大学時代のころは、三木さん、そして、福田さん、大平《おおひら》さん（大平正芳《まさよし》氏）といったような人たちが総理をやっていたと思います。

そして、三木さんがされたあと、福田さんが総理になったのですが、そのときに

●椎名裁定　1974年11月、金脈問題によって田中角栄首相が退陣を表明したことに伴い、当時、自由民主党の副総裁であった椎名悦三郎《えつさぶろう》が、次期首相として三木武夫を指名したこと。

は、もう七十一歳ぐらいになっていました。

政治的にはタカ派だったのではないかと思いますが、今から見れば、「タカ派」という定義に当たるかどうかは分かりません。当時のタカ派は、今のタカ派とは少し違う感じかもしれないのです。

また、福田さんは、大蔵省出身なので、どちらかといえば、経済系のほうが明るかったと思います。当時は高度成長でインフレの時代だったので、「インフレを抑《おさ》え込《こ》む」というところが、経済的な政策の主眼《しゅがん》でした。ですから、今のようなデフレの時代だと、どのような意見になるかは分かりません。

それと、当時の外交感覚からすると、タカ派のように見えたけれども、今だとタカ派になるかどうかは分からないところがあるわけです。

例えば、当時、日本赤軍《せきぐん》が起こした「ダッカ日航機ハイジャック事件」（一九七七年）というものがありました。これは、犯人たちが、「自分らの仲間を監獄《かんごく》から出

大平正芳元総理が中国や韓国の理不尽な主張を粉砕する。
『大平正芳の大復活』
（幸福実現党刊）

してくれたら、乗客を解放する」というような要求をしてきた事件です。

そのときに、福田さんは、「人命《じんめい》は地球より重い」という〝迷発言《めいはつげん》〟をして（笑）、「ハイジャック犯を逃《に》がすのか」と、世界から非難を浴びました。

ともかく、当時は、「人命尊重」というような感じだったので、今的に言えば、アメリカの民主党や日本の民主党（収録当時。その後「民進党」に党名を変更《へんこう》）などのほうに、やや近いように見えなくもありません。

その後、国際世論に押《お》されて、日本も変わってはきましたけれども、当時の軍事的、外交的な感覚は、今から見れば、それほど右に偏《かたよ》っているとは言えないでしょう。そのような状況《じょうきょう》だったと思います。

ただ、その時代の方が今に何を言えるかは、聞いてみないと分かりません。その当時の考えどおりかもしれないし、あるいは、九十歳で亡《な》くなっていますが、もう二十年ぐらいたっているので、二十年も天上界《てんじょうかい》にいて、この地上の政治を見ていれば、何か全然違う考えになっているかもしれません。

●ダッカ日航機ハイジャック事件　1977年、日本赤軍グループ5名が起こした事件。犯人は身代金600万ドルと日本に服役中の仲間の解放を要求。当時の総理大臣であった福田赳夫は、「一人の生命は地球より重い」と述べ、犯人の要求に応じた。

この前、竹下《たけした》さん（竹下登《のぼる》元総理）を呼んでみたら、かなり、生前とは考えが違うようにも見えました（『政治家が、いま、考え、なすべきこととは何か。元・総理　竹下登の霊言』〔幸福実現党刊〕参照）。ですから、違うことを言うかもしれません。

以上を前提とします。

現代の政治情勢について、福田赳夫元総理に意見を訊《き》きたい

大川隆法　いずれにせよ、今、政界には大きなうねりがありますし、左翼《さよく》系のマスコミ、および左翼系の政治家等は、安倍《あべ》政権の右傾《うけい》化、きつい言葉で言えば、全体主義化を糾弾《きゅうだん》しています。
　特に、去年（二〇一五年）の、集団的自衛権の行使等を含《ふく》む安保《あんぽ》関連法の成立時には、「憲法をないがしろにした。立憲主義を無視して、内閣の判断だけで、事実

『政治家が、いま、考え、なすべきこととは何か。元・総理　竹下登の霊言』（幸福実現党刊）

上の憲法改正を行《おこな》ってしまえるような法案を可決した」というように言っていました。

ちなみに、今、裁判所などで、やや左寄りの判決がよく出てくるようになってきているのは、おそらく政権への反発だろうと思います。

また、同時に、週刊誌等で、「高市《たかいち》総務大臣がマスコミに圧力をかけている。電波の許認可権を盾《たて》に取って、偏向《へんこう》報道をさせようとしている。政権に反対するような報道をさせないようにしようとしている」というようなバッシングも始まっています。

さらに、同時に、中国では、習近平《しゅうきんぺい》国家主席が、強大な圧力でマスコミを完全に抑え込んでいるというような状況ですし、朝鮮《ちょうせん》半島では、金正恩《キムジョンウン》が「核《かく》兵器の小型化に成功した」と〝のたまって〟いて、今、米韓《べいかん》が上陸演習等をやっているという状況です。

朝鮮半島もきな臭《くさ》く、中国も、東シナ海、南シナ海等、領有権争いのあるところで軍事基地化を進めており、オバマ政権の〝足下《あしもと》を見て、なめて〟挑発《ちょうはつ》しているように思います。

そのため、アメリカは、「航行の自由作戦」によって、南シナ海にイージス艦《かん》を走らせてみたりしました。また、この前は、空母も走らせたと思いますが、「アメリカの空母が出たときに、中国が多数の軍艦を出してきた」というようなことがあって、かつてなら考えられないような状態になっています。中国は、オバマさんが本気で攻撃《こうげき》してくるとは思っていないので、平気で挑発してきているような状況です。

このような難しい時代に来て、「私の学生時代ぐらいに総理をやっていた方の政治判断ならどうなるのか」「今だったら、どのように考えるのか」、あるいは、「迷える自民党政治家や野党の政治家、マスコミ等に高い見識を示すことができるのか」などを、角栄さんにも訊《き》いたので、今度、この人（福田赳夫元総理）にも訊いてみようと思います。

今は責任を持って言える人がいないので、実際に政権運営をやった方で、ある程度、時間がたって見ている方の意見も、何らかの参考になるのではないでしょうか。（質問者たちに）ともかく、どのようになるかは質問者の腕次第《うでしだい》でもあるので、ひとつよろしくお願いいたします。

綾織　お願いします。

大川隆法　では、前置きはそれくらいにして、お呼びします。

田中角栄さんとも激しいライバル争いをなされた元総理大臣・福田赳夫さんを、幸福の科学　教祖殿《きょうそでん》　大悟館《たいごかん》にお呼びし、現在の政治情勢、その他について伺《うかが》うとともに、当会のＨＳ政経塾、あるいは幸福実現党等を含めて政治運動もやっていますけれども、何らかのご意見がありましたら、お伺い申し上げたいと思っています。

元総理・福田赳夫さんの霊よ。

どうぞ、幸福の科学　教祖殿　大悟館に降りたまいて、そのご本心を明らかにしたまえ。

（約十秒間の沈黙《ちんもく》）

福田赳夫（1905 ～ 1995）
大蔵省主計局長や大蔵大臣などを歴任した「経済通」として知られた。1972 年の自民党総裁選において田中角栄に敗れた際、「やがては日本が福田赳夫を必要とする時が来る」と述べるなど、田中角栄との勢力争い（角福戦争）や、その強気の発言でも知られた。（写真：時事）

2 「この霊言《れいげん》、安倍《あべ》君に聴《き》かせたい」

公開霊言《れいげん》を「国会でやりたい」と繰《く》り返す福田赳夫元総理の霊

福田赳夫　(両手で椅子《いす》の肘掛《ひじか》けを二回強く叩《たた》く)

綾織　こんにちは。

福田赳夫　うーん。

綾織　非常にお元気なご様子でいらっしゃいますね。

福田赳夫　うん。ちょっと物足《ものた》りない。観客が少ないなあ（両手で肘掛けを二回叩く）。

綾織　ただ、これはたくさんの方がご覧になりますので。

福田赳夫　国会でやりたいね。国会でやりたいねえ。

綾織　なるほど。ただ、国会は若干《じゃっかん》波動《はどう》が悪くて、このような収録はなかなか難しいのですが。

福田赳夫　そうですかあ。まあ、自民党にもこれを衛星でつないで、観《み》せてやらないかん。ねえ？

綾織　自民党の方々にも聴《き》かせたいわけですね。

福田赳夫　うーん、勉強させてやらないかん。幸福の科学で勉強されたんでは、困るじゃないですか。

綾織　いえいえ。自民党の方々にも勉強していただけるようにしたいと思います。

福田赳夫　まあ、後《のち》ほど勉強してもらう？

綾織　はい。

福田赳夫　君らが〝先発〟？　彼らは〝後塵《こうじん》〟。まあ、そういうことね？

綾織　そういうことになりますね。

福田赳夫　私の立場は、どういう立場かなあ。ああ、よく分からんなあ。アッハッハッハッハッ（笑）。

霊界《れいかい》からも地上に「念力《ねんりき》」を送っている

綾織　今も福田先生は、広く、日本の政界を導かれていると思うのですが。

福田赳夫　いやあ、なかなか導けんで。〝戦争〟ばっかりしてるからねえ、天上界《てんじょうかい》でもねえ。大変なんだよなあ。

綾織　天上界でも争いがまだ続いているんですか（笑）。

福田赳夫　なかなか、それは大変ですよ、天上界も。

綾織　天上界では、田中角栄《たなかかくえい》先生とお話しされたりするんでしょうか。

福田赳夫　話というよりは〝空中戦〟をやってはいるかなあ。

綾織　ほう。それは、どのようなものですか。

福田赳夫　「主導権争い」だよなあ、天上界の。

綾織　では、天上界にも「政界」があるわけですね。

福田赳夫　やっぱり、日本の政治もそらあ、日本霊界《れいかい》から指導がないといかんわなあ！　だから、力の強い者が、念力《ねんりき》を〝地上波〟として送ってなあ、（右手で大きく円を描きながら）動かさないかんわ。それぞれに考えがあるからさあ。

綾織　なるほど。

福田赳夫　（両手で円を描きながら）こういうふうにやってるわあ。

福田赳夫氏と田中角栄《たなかかくえい》氏の〝指導〟の違《ちが》いとは？

綾織　田中角栄《たなかかくえい》先生とのご指導の違《ちが》いというのは、主に何なのでしょうか。

福田赳夫　うーん、そらあ、「群馬《ぐんま》対　新潟《にいがた》の戦い」だよ。

綾織　地域性なんですか（笑）。

福田赳夫　まあ、地域性ではあるなあ。県民性かもしらんし、職業の違いかもしらん。まあ、職業というか、経歴の違いかもしらんしなあ。

綾織　ということは、主に、財務省系の方々を指導されているのでしょうか。

福田赳夫　まあ、そうとは限らん。わしの心はそれほど狭《せま》くはないからなあ。

綾織　そうですか。

田中角栄先生は、生前、一般《いっぱん》的には、「積極財政」であったと見られています。一方、福田赳夫先生の場合は、ある程度、「均衡《きんこう》財政」といいますか、バランスの取れた財政の考え方であったと思います。

福田赳夫　ちょっとインフレね、悪性のインフレが起きたからね（注。一九七三年、オイルショックによる急激なインフレーションが発生した）。まあ、●全治三年ぐらいの〝あれ〟だったからねえ。それを〝治そう〟としてた。「経済の福田」として信頼《しんらい》は集めとったからねえ。「福田が出てきたからには大丈夫《だいじょうぶ》だろう」っていうところはあったね。

綾織　なるほど。

現代のデフレに対する見解は「虎《とら》の巻」と言って明かすのを渋《しぶ》る

綾織　今は、逆に、二十年以上に及《およ》ぶ、極《きわ》めて長いデフレの時代になっています。

福田赳夫　これは議論を呼ぶところだなあ！　これからの見解についてはなあ。

●全治三年ぐらいの……　1975年の参議院決算委員会において、当時、経済企画庁長官だった福田氏は、オイルショックの影響について、「私の診断によれば、これは全治3カ年の大やけどをしたと言ってもいいような状態だと思うのです」と語っている。

綾織　はい。これについては、どのようなアドバイスを地上に送っていらっしゃるのでしょうか。

福田赳夫　もう最初から、そっから来るかあ。

綾織　関心が高いところなので、ひとつお伺《うかが》いしておきたいと思うのですが、いかがでしょうか。

福田赳夫　これを教えたら、あんた、「虎《とら》の巻」みたいなもんじゃないですか。

綾織　そうですね。いちばん大事なところかもしれません。

福田赳夫　ええ？　幸福の科学、幸福実現党に、この「虎の巻」を渡《わた》していいのか？　いや、自民党の人は（本霊言《れいげん》を）観たり、読んだりするかもしらんけれども、「虎の巻」のところだけスッと隠《かく》されたら、どうするの？

綾織　そういう手もありますね。

福田赳夫　な？　あるだろう？　それはまずいんじゃないか。

綾織　ああ、まずいですか。

福田赳夫　うーん……、まあ、私は公器だからね、存在自体がね。天下のもんだからさあ。「私の考え」っていうことは、それは天下万民《ばんみん》が知らねばならんことしか言えんからねえ。「君たちの選挙戦に有利な」というだけでは言えないわねえ。

綾織　いちおう、広く、全国民に知っていただけるようにしたいと思います。

福田赳夫　ふうーん。「リバティ」誌（月刊「ザ・リバティ」〔幸福の科学出版刊〕）により？

綾織　はい。私個人としてはそうしたいと思います。

福田赳夫　会員しか読んでないんだろう？

綾織　いえ、そんなことはありません。永田町《ながたちょう》でも読まれております。

福田赳夫　ああ、そうかあ。まあ、（私は）めったに出るところがないからさあ（笑）、それはしょうがないんだけどな。これ（霊言の収録）は、ちょっとなんか、

〝レンタカー〟に乗ってるような感じが若干あるから。レンタカーに乗って運転してるような感じだから。

まあ、しょうがないねえ！　とにかく、意見が言えるっていうことはいいことだ。角《かく》さん（田中角栄）だけが言って、私が出ないわけにはいかんわなあ（注。本霊言が収録される二日前に、「田中角栄の霊言」が収録された。前掲《ぜんけい》『天才の復活田中角栄の霊言』参照）。

綾織　そうですね。

息子《むすこ》である福田康夫《ふくだやすお》元総理についてはどう思っているのか

福田赳夫　やっぱり、そろそろ、わしは忘れられかけてるみたいだなあ。

綾織　いえいえ、とんでもありません。

福田赳夫　「福田《ふくだ》」って、「息子《むすこ》（福田康夫《やすお》元首相）のほうだ」って思ってるんじゃないかなあ？　あいつは何にも仕事しなかったじゃない。な？　座《すわ》ってただけだろ。

綾織　それなりに、いろいろな課題に取り組まれたと思います。

福田赳夫　あいつのおかげで、民主党政権になっていったんと違うの？

綾織　まあ、流れとしてはそうなのかもしれません。

福田赳夫　なんかそんな感じだなあ、若干なあ。だから、うーん……、まあ、「経済」も「外交」も、もう一回考え直さないかん。もちろんなあ。

綾織　はい。

松下政経塾《まつしたせいけいじゅく》については「混乱要因しかない」

福田赳夫　（質問者の数森《かずもり》を指して）この人なんか、ダルマが座って、目を描いたような……。もう、（顔を上に向けながら）コーッとしてるじゃないか。何しに来てんの？

数森　いえいえ（苦笑）。

福田赳夫　何だ？　これは。

綾織　幸福の科学には、ＨＳ政経塾《せいけいじゅく》という、政治家や企業家《きぎょうか》を養成する教育機関があるのです。

福田赳夫　知らんな。全然知らん！　天上界では、まったくそういう〝瓦版《かわらばん》〟は回っとらん。存在さえ知られてない！

綾織　松下《まつした》政経塾も、十年ぐらい、国会議員は生まれませんでしたので、これから、次世代の「徳ある政治家」を生み出していきたいと考えています。

福田赳夫　いやあ、松下政経塾なんていうのは、あんなのはほんと、混乱要因しかないじゃないか。なあ？

綾織　それはそうですね。

福田赳夫　別に政党になってないわなあ。バラバラにいろんなところに来て、暴《あば》れてんだろう？　あれ、全然理念がない。何なんだ、あれはいったいなあ。ただの混乱だよ。

綾織　これからは、ＨＳ政経塾ということで。

福田赳夫　あんなのつくるんか？

綾織　いえ、「あんなの」ではありません（笑）。

福田赳夫　ううん？　電器屋は電器屋をやっとりゃあいいわけよ。なあ？　電器屋が口出すなよなあ、政治になあ。

綾織　ＨＳ政経塾は、しっかりと中身のあるものをつくっていきます。

本当は「安倍君《あべ》」に伝えたい

綾織　ＨＳ政経塾生は、将来の期待を担《にな》っていますので、ぜひ、今日はご指導を頂ければと思います。

福田赳夫　（数森と表《おもて》を指して）なんか、ダルマさんが二人座ってるように見える。

数森　（苦笑）

福田赳夫　ダルマさんか、内裏雛《だいりびな》か知らんけどなあ、そんな感じだわ。何か、考え方があるわけ？　持ってんの？

数森　はい。持っております。

福田赳夫　ふーん。

数森　まず、福田元首相に、ご質問させていただけることを光栄に思います。

福田赳夫　うん？　（聴聞《ちょうもん》席を指して）こっちから睨《にら》まれたんだ。わしが〝悪いこと〟をしようとしてると思って、なんか怒《おこ》っとる人がいるよ。

綾織　いえいえ、もう、自由にお話ししていただいて大丈夫です。

福田赳夫　（聴聞席を指して）やっぱり、もうちょっと〝ありがたい波動〟がないと。ここは言いにくいなあ。

綾織　いや、もう、本当にありがたいです（笑）。

福田赳夫　立場が違うもんな。それ分かる？　常識的に。立場が違うわな？　わしが来て話さないかん義理、何もないもんな。なあ？　政治献金《けんきん》もないもんな？「君たちの政治献金になるために私が活躍《かつやく》する」っていうのは、何かちょっと、筋《すじ》がもうひとつ通らないよな？

綾織　今日は、全国民に向けてのメッセージですので。

福田赳夫　ああ、そう？　ふーん。

綾織　私たちがその代表としてご指導いただくということで、広くメッセージを発信していただければと思います。

福田赳夫　ふーん。まあ、いいけど。ほんとは安倍《あべ》（晋三《しんぞう》）君に言わないといけないんじゃないの？

綾織　そうですね。

福田赳夫　うん。ほんとは安倍君にメッセージだ。なあ？（数森を指して）そんな驚《おどろ》く目をしないでくれよ。

数森　いえいえ（笑）。

福田赳夫　ダルマさん、見てるみたいでさあ。まあ、「高橋是清《たかはしこれきよ》みたいなんかなあ」と一瞬《いっしゅん》思うところもあるけど。

●高橋是清（1854 ～ 1936）　明治後期から昭和初期の政治家。日銀総裁や大蔵大臣などを歴任し、1921 年、第 20 代内閣総理大臣に就任。昭和恐慌の際には、蔵相として事態の沈静化に活躍した。その容貌から「ダルマ蔵相」と呼ばれて親しまれたが、1936 年の「二・二六事件」で青年将校に暗殺された。

綾織　ああ、いいですね。

3　二〇一六年夏の参院選の「争点」は何か

参院選までの争点は「憲法改正まで行くかどうか」だけ

数森　それでは、一点、よろしいでしょうか。

福田赳夫　ああ。

数森　福田赳夫元首相といいますと、「角福戦争《かくふく》」や「四十日抗争《こうそう》」など、いろいろな闘争《とうそう》や揉《も》め事を経験されてきたかと思います。

現代においても、与党《よとう》である自民党と野党連合がぶつかろうとしていますが、今度の来《きた》る参院選も含《ふく》めて、今の政治の闘争をどのようにご覧になっているのでしょ

●四十日抗争　1979年に自由民主党内で発生した約40日間の派閥抗争。同年10月7日の衆院選における敗北の責任をめぐって、主流派（大平派・田中派）と反主流派（福田派・三木派・中曽根派）との間で激しい対立が起こった。

うか。

また、将来において、そうした闘争はどのような意義を持つとお考えになっていらっしゃるのか、お聞かせいただければと思います。


福田赳夫　いやあ、野党との〝戦争〟なんか、何にもないいんじゃない？　もう勝負は終わってんじゃん。ついてるじゃん。あとは、政権がどうするかだけでしょ？　勝負はついてるんだから。もう勝つのも分かってるんだよ。ね？

まあ、争点があるとしたら、「憲法改正のレベルまで行くかどうか」だけど、争点はそこだけでしょ？　勝つのは分かってるのよ。絶対勝つ。今の自民党系が勝つよね。過半数を取るのは確実だからいい。政権は変わらない。だから、もう、それは終わってる。

だから、「憲法改正まで入れるかどうか」のところの盛り上げが、あと残り、行くかどうかだな、参院選まで。まあ、それだけの話で。お互《たが》いに秘策を練って、足を引っ張るなり、人気が出る新しい目玉を打ち出すなり、そういう合戦《かっせん》だろ？　それをやってるだけだから、そんなに大きな戦いじゃないわなあ。

まあ、安倍《あべ》君にしちゃあ、やや長期政権になってきたからね。そろそろ、ズタズタになってきつつはあるかもしらんがなあ。

綾織　そうですか。

福田赳夫　うん。種《たね》が尽《つ》きてきただろ、そろそろなあ。

綾織　なるほど。

安倍首相としては、最終的には、「憲法九条の改正」なのでしょうけれども、今は、それをやや引っ込《こ》めています。

福田赳夫　うーん。まあ、半分ぐらいかなあ。（憲法九条改正が）できたら、うれしいけど、できなくても、政権が維持《いじ》できれば、うれしい。両方かな。両方、考えてるだろう。

ただ、難しいのは感じてはいると思う。強行すりゃあ、マスコミや左翼《さよく》が騒《さわ》いで支持率を落とそうとしてくるのは知ってるからさあ。でも、強行しないように見せたら、改正はできないしな。

そのへんは、微妙《びみょう》な立ち位置だから、日々、計算してんじゃないの？　だから、今は「マスコミの抱《だ》き込み」と「野党の切り崩《くず》し」。まあ、これだろう。ねえ？　（参議院選挙まで）あと何カ月かねえ。

一方、野党のほうは、「自民党の粗探《あらさが》し」。マスコミと一緒《いっしょ》になって、（自民党を）引き倒《たお》す材料を一生懸命《いっしょうけんめい》、探してる状況《じょうきょう》かな。

自民党が一枚岩になっていない理由

福田赳夫　（数森に）こんなのを見てたら、政治家になるのが嫌《いや》にならないか？　ほんと非生産的で、すっきりしないよねえ。

数森　いえ、逆に、「そういう世界だからこそ、何らか正しいものを打ち立てたい」という思いが出てくるのですが……。

福田赳夫　君たちさあ、もう政経塾《せいけいじゅく》とか幸福実現党を解散してさあ、自民党の支援《しえん》団体になったらいいんだよ。そうしたら、仲良くできて、ワッと憲法改正まで行っちゃうから。

綾織　以前、安倍首相（守護霊《しゅごれい》）も、そういったことをおっしゃっていました。

福田赳夫　そらあ、そうでしょう。そういうことでしょ。まあ、みんなそういうことだ。

つまり、（自民党は幸福実現党の候補者が）当選しないように押《お》さえ込みながら、仲がいいように見せなければいかん。非常に複雑な技術を使ってるんでしょ？

綾織　ええ。

ただ、一方で、「では、今の自民党で、今後、五年、十年、二十年とやっていけるか」というと、そうではないと思います。やはり、新しい政治勢力は必要です。

福田赳夫　まあ、自民党は、一枚岩じゃないからさあ。人それぞれ、個性ある政党なのさ。

昔の派閥《はばつ》争いみたいなのは、確かに、はっきりは出なくなった。そらあ、お金のところで、かなりチェックが効いてきたからね。前は、角《かく》さん（田中角栄《たなかかくえい》）なんかは、お金で派閥を大きくするのを一生懸命やってたけど、ここは監視《かんし》が厳しくなったからなあ。そういう意味での派閥力は弱くなってはいるけど、意見はバラバラだよ、ほんとはな。とりあえず、そのときの総裁の考えに合わせるけど、変われば、コロッと変わっちゃうわなあ。

「君、もうちょっと切れ味がないといけない」

福田赳夫　まあ、いいよ。君（数森）のを聞かないかんな。何をどうしたいわけ？

数森　今のお話を受けて、福田元首相は、「安倍政権も、かなり末期に来ている」というご意見をお持ちかと思うのですけれども……。

福田赳夫　いや、知らん知らん。それは知らん。分からん。彼次第《しだい》だ。

数森　まだ分からないと?

福田赳夫　ああ。彼次第だ。そらあ、分からんなあ。

数森　「まだ持ち直す可能性もある」という感じでしょうか。

福田赳夫　弱いな、君。突《つ》っ込みが。

数森　(苦笑)

福田赳夫　そらあ、あかんね。政治家で、それは駄目《だめ》だ。

数森　分かりました（苦笑）。

福田赳夫　野党にもなれんよ、それでは。野党だったら、もっとズバッと攻《せ》めなければいかんし、与党だったら、応援するような言い方をしなきゃいけない。

（数森を指して）今のだったら、評論家の二番、三番、四番煎《せん》じぐらいだ。それが、あなたのレベルの立ち位置だな。

これでは弱いなあ。君、もうちょっと切れ味がないといけない。私に何かを言わせてしまわないといけないわけ。

数森　はい。分かりました。

4　安倍《あべ》首相の「経済政策」をどう見るか

「景気回復」と「財政再建」に二股《ふたまた》をかけたアベノミクス

数森　今、安倍《あべ》首相の経済政策も行き詰《づ》まっているかと思うのですが……。

福田赳夫　どうして？

数森　消費税の増税で……。

福田赳夫　増税は決まってるじゃん。

数森　はい。軽減税率《けいげんぜいりつ》の適用も、妥協《だきょう》の産物かと思います。

福田赳夫　そらあ、選挙対策じゃん。

数森　はい、選挙対策だと思います。

この「選挙対策のための経済政策」というものは、どうしても、あとから「しわ寄せ」が来ると思うのですけれども……。

福田赳夫　どうして？

数森　例えば、消費税の五パーセントから八パーセントへの増税。これも、結果的には、アベノミクスを破綻《はたん》させる要因になったかと思います。

福田赳夫　でも、財政破綻しなければいいじゃない。

数森　財政破綻をしなければ……。それは、結果的に、ＧＤＰ（国内総生産）を上げていく方向に持っていくことに……。

福田赳夫　財政破綻したら、国の経済なんかは成り立たないよ。

数森　そうですね。

福田赳夫　（消費税増税は）なんでいけないの？

数森　財政破綻させないためにも、減税路線へ行くべきかと思うのですけれども。

福田赳夫　いや、別に、そういう法則はないよ。減税路線をやったら国庫破綻するという例は、よくあるよ。人気は出るけどね。

数森　なるほど。

では、福田元首相が、もし現代で首相に就《つ》かれるとすると、今のアベノミクスを、どのように評価し、どのように改善されますでしょうか。

福田赳夫　うーん。まあ、「中途半端《ちゅうとはんぱ》」だったんじゃないか、理論的にな。どっちかに行くべきだったでしょうな。

だから、「景気回復」なら景気回復でやるべきだったろうし、「財政再建」なら財政再建でやるべきだったけど、今は、どっちを取るか分からないために、両股《りょうまた》、二股かけたわな。そのへんが、ちょっと心が揺《ゆ》れとるわな。右へ行ったり左へ行ったりな。両方、それらしく聞こえるでなあ。

福田赳夫　あの世からの提言①

アベノミクスは「中途半端《ちゅうとはんぱ》」だったんじゃないか、理論的にな。どっちかに行くべきだったでしょうな。だから、「景気回復」なら景気回復でやるべきだったろうし、「財政再建」なら財政再建でやるべきだったけど、今は、どっちを取るか分からないために、両股《りょうまた》、二股かけたわな。

君らの言うやり方だったら、いわゆる「リフレ派」っていうやつでよかったわけで。つまり、人工インフレを起こして、景気をよくするかたちのでよかったけど、それ、いったん否定されてるからね。

それで、民主党で、「経費削減《さくげん》して、赤字を減らしたらいいんじゃないか」とやったら、失敗していったもんだからさあ。「それだけでも駄目《だめ》だ」ということで、(安倍政権は)「ばら撒《ま》きつつ税収を増やす」っていう手に出たわけだけどさ。だけど、確かに、今のところ不透明《ふとうめい》ではあるわねえ。

安倍さんも、そらあ、大震災《だいしんさい》並みのことが起きたり、戦争が起きたりした場合はどうなるかは分からんけど、「現状のままだったら、予定どおり税率を上げますよ」という言い方をして、〝含《ふく》み〟を持たせてるんじゃないの？　今のところねえ。

「一千兆円を超《こ》える財政赤字」っていうのは、普通《ふつう》に考えても、国の予算が百兆円ぐらいしかないのに一千兆円も借金があるなんて、こんなの、会社だったら潰《つぶ》れるに決まってるわなあ。「国なら潰れんのか」っていうことだけど、実際、潰れる国はあることはあるわなあ、外国を見りゃなあ。国が、実質上機能しなくなって、破綻してる国もあるからなあ。ないわけじゃあない。

それに対して、理論的にキチッと答えられるかどうかだなあ。

福田赳夫は、今の安倍《あべ》首相に何点をつけるのか？

数森　例えば、今、安倍《あべ》首相に対して総合的に点数をつけるとすると、何点ぐらいをつけますか。

福田赳夫　（約五秒間の沈黙《ちんもく》）それを言っちゃあ、〝おしまい〟になるかもしれないから。言いにくいねえ、それは。

綾織　先ほど、「ズタズタになりつつある」というお言葉もありました。

福田赳夫　そうお？　ズタズタね。うちの息子《むすこ》（福田康夫《やすお》元首相）よりはよくやってるんじゃないか？

綾織　なるほど。

福田赳夫　うーん。なかなかしぶといね。「（首相に）復活できた」っていうのは珍《めずら》しいしな。これは奇跡《きせき》に近いしなあ。

綾織　ええ。

福田赳夫　だから、自民党の〝あれ〟を、もう一回救ったという意味では、今、延命《えんめい》してるのには理由があるだろうなあ。安倍人気で、野党から短期間で（政権を）取り返したからねえ。もし、安倍の次に、副総理の麻生《あそう》に移ったら、また野党になるんだろ？　アッハッハッハッハ（笑）。

綾織　そうですか（苦笑）。そうですね。

福田赳夫　前回は、そうなんだろ？　また、そうなるんだろうからさあ。だから、安倍人気に代わるような人気を持ってる人でもいなかったら、そう簡単に譲《ゆず》れん状況《じょうきょう》だな。

それを何点とつけるかって言われても、そらあ、「野党から与党《よとう》に戻《もど》した」という意味で、いいように取れば、八十点以上はあるだろうけどなあ。

ただ、もし、「結局、アベノミクスなるものは、幻《まぼろし》にすぎなかった」という結論になった場合、合格点が出るかどうかは微妙《びみょう》だわなあ。合格点を六十点として、それに届かない可能性もあるわなあ。

今のところ、最終点数は出ないが、「六十点から八十点ぐらいの間」だろうね。

福田赳夫　あの世からの提言②

もし、「結局、アベノミクスなるものは、
幻《まぼろし》にすぎなかった」という結論になった場合、
合格点が出るかどうかは微妙《びみょう》だわなあ。
合格点を六十点として、
それに届かない可能性もあるわなあ。

5　日本の「国防」をどう考えるか

「中国経済を破滅《はめつ》させる方法があるか」を考えているアメリカ

数森　これまで、経済政策を中心にお伺《うかが》いさせていただきましたが、今度は、「国防」の観点から質問させていただきます。

先ほどのお話にも出た「憲法九条改正」の問題もありますが、今、中国の動きや北朝鮮《きたちょうせん》の動きを見ても、非常に混沌《こんとん》としていますし、アメリカも大統領選で混乱しています。

福田赳夫　うん。

数森　このようななかで、今、安倍《あべ》首相が取るべき道、「憲法九条改正」という根本的な解決以外にも、外交の分野も含《ふく》めた安全保障の道のようなものを、どのように見られますか。

福田赳夫　まあ、今までの日本から言やあ、「もう、国連に頑張《がんば》ってもらう以外、方法はない」っていうところだろうけどなあ。まあ、国連に頑張ってもらうか、アメリカ単独で頑張ってもらうかしかなかったわなあ。

わしらの時代には、ソ連っていう脅威《きょうい》はありましたけどね。でも、舵《かじ》を取って、アメリカのほうについていくことに決めて……。まあ、結果的には、それでよかったんだけどね。

要するに、〝踏《ふ》み絵〟なんだろ？　「アメリカにつくか、中国につくか」というような〝踏み絵〟になってる。

「もう中国がアメリカを抜《ぬ》いてしまうぞ」と言って、そういうふうに大きく見せようとして、ヨーロッパまで吸い込《こ》もうとしてるんだろ？　また同じような〝踏み絵〟さ。未来をどっちに取るかっていう〝踏み絵〟だろうねえ。

アメリカの大統領選で、あんな、いろいろ、〝ごっちゃぐっちゃ〟やってるのを見りゃあさあ、習近平《しゅうきんぺい》体制のほうが、よっぽどガシッと固まってるように見えるわなあ。

綾織　はい。

福田赳夫　習近平が「世界帝国《ていこく》を目指す」って言って、ほんとにやるかもしらんと思うわなあ。アメリカが言ったって、信用できんわなあ、今ねえ。

（アメリカは）財政赤字でしょ？　財政赤字で、軍事費が高くって、削《けず》りたくてしょうがないんでしょ？

『世界皇帝をめざす男——習近平の本心に迫る——』（幸福実現党刊）

綾織　はい。

福田赳夫　だから、戦争を積極的にしたいことはないよなあ、泥沼《どろぬま》に入ってさあ。ベトナムで戦ったベトナム戦争でさえ、アメリカもあれだけ傷ついて、財政赤字も拡大して、軍に対するイメージも悪くなって、〝あれ〟だったからねえ。その流れからズルズルッと行ったら、相手が……、まあ、ソ連の場合は一人も死なずに戦争（冷戦）が終わったからよかったけど。

やれるとしたら、まあ、今、（アメリカが）考えてるのは、「中国の経済を破滅《はめつ》させる方法があるかどうか」を考えてるとは思うよ。経済が破綻《はたん》してしまったら、戦争どころでなくなるから。

レーガンのときに、ロシアっていうか、ソ連が経済的に行き詰《づ》まって、軍事予算をこれ以上は組めないから、白旗を揚《あ》げてな、「もう、降参しました」ってなったよな。あんなふうに、「中国が白旗を揚げるように、〝経済攻め《ぜ》〟ができるかどうか」が一つで、できなければ軍事衝突《しょうとつ》になって、そうなると先は見えなくはなるわなあ。

綾織　うーん……。

福田赳夫　ああいう、アフガンだ、イランだ、イラクだぐらいの国であれば、けっこう被害《ひがい》は大きいし、金もかかるけども、「勝敗」っていう面では、特に心配はないレベルだからなあ。そのへんの、中東の一国ぐらいだって、「勝敗」という意味で、（アメリカが）軍事的に負けるっていうことはないわなあ。「犠牲者《ぎせいしゃ》が増える」っていうようなことはあるし、「経済的に赤字が出ていく」っていうことはあっても、戦争に負ける可能性はない。だけど、ソ連のときには負ける可能性があったわな。

同じように、中国の場合も、負ける可能性がないわけではない。〝先延《さきの》ばし〟したせいで、もし向こうが成功して、経済的にもナンバーワン、軍事的にもナンバーワンになった場合、アメリカが負ける可能性もないわけじゃない相手だからね。そらあ、臆病《おくびょう》な人なら、やっぱり、退《ひ》いていくだろうねえ。

「君ねえ、いちばん下のマスコミにも勝てないよ」

福田赳夫　（数森に）君、大丈夫《だいじょうぶ》かなあ。ほんと、自民党でも、こんな話できるのかなあ。

数森　（苦笑）

福田赳夫　なんか頼《たよ》りないなあ。

数森　いえ、しっかり頑張ります。

綾織　大丈夫です。

福田赳夫　もうちょっと「強い意見」を言う人を出してこいよぉ。

綾織　いえいえ。きちんと選《よ》りすぐって……。

福田赳夫　これは、一分聞いたら、もうよさそうじゃないかあ。ええ?

数森　大丈夫です。

福田赳夫　だけど、君ねえ、それじゃあ、いちばん下のマスコミにも勝てないよ。

ほんと、ミニコミ誌に勝てないよ。ミニコミ誌でも、もうちょっといい球《たま》をプシーッと投げてくるよ。

綾織　きちんと用意していますので、大丈夫です。

福田赳夫　そんなことないよ。目が死んでて、〝サバの目〟をしてるよ、これ。

数森　（苦笑）

綾織　いえいえ。カッと見開いております。

福田赳夫　ええ？　ほんとかねえ。

数森　はい。大丈夫です（苦笑）。

福田赳夫　弱い。もうちょっと……。あなたねえ、「週刊現代」でも読んできたほうがいいよ、代わりに。もっと面白《おもしろ》くなるぞ。

数森　（苦笑）

福田赳夫　フッハッハッ（笑）。

『自民党諸君に告ぐ　福田赳夫の霊言』

正誤表

下記のように訂正させていただきます。

○80ページ　2行目

〔誤〕　読んで　→　〔正〕　呼んで

6　日本の「エネルギー政策」をどう見るか

原油に依存《いぞん》すれば、経済の主導権を外国に取られることになる

表　福田赳夫先生……。

福田赳夫　はい、どうぞ。

表　本日は、ご降臨賜《こうりんたまわ》りまして、本当にありがとうございます。

福田赳夫　「降臨」って言うなよ。何だか、「年輪《ねんりん》」みたいに聞こえるから。

表　（苦笑）失礼いたしました。私は、ＨＳ政経塾《せいけいじゅく》第五期生の表《おもて》と申します。よろしくお願いいたします。

福田赳夫　はい。

表　福田先生は、オイルショックのあとに経済の立て直しをされたと伺《うかが》っています。今、日本では原発の停止が起こっており、原発アレルギーが再び、大きくなってきています。

福田赳夫　うーん。

表　ですが、「ＣＯＰ21《コップ》」など、二酸化炭素の排出削減《はいしゅつさくげん》について、国際的な規約もあり、「エネルギー政策をどのように取っていくか。どのようにしていくべきか」

ということで、国内の世論《せろん》と政府の方針が乖離《かいり》してきているような感じになっています。

今、福田先生からご覧になって、「日本のエネルギー政策を、どのように取っていくべきか」について、何かお考えがありますでしょうか。

福田赳夫　うーん……。原油に依存《いぞん》すれば、経済の主導権を外国に取られることは間違《まちが》いないだろうねえ。オイルの値段の上がり下がりによって、国内の景気が左右されることはあるし、それは、人工的にかなり左右できるからね。

それから、中東の油田地区で戦争が……、まあ、今もやってるけどねえ。それによっては、どうなるか分からないところがあるから。

そういう、原油の部分は、場合によっては、軍需《ぐんじゅ》物資でもあるからねえ。そういうこともあるので。

それについて、「国家としての戦略をどう持つか」ってことは、大きな議論を呼ぶところだろうねえ。

経済的視点や軍事的視点を持っていない反原発論者

福田赳夫　まあ、「反原発」という国民の感情は分かるよ。原子爆弾《ばくだん》を受けた〝あれ〟が残ってるんでねえ。それを一緒《いっしょ》のように感じるのは分かるしさあ。「放射能汚染《おせん》が」って言うて、一生懸命《いっしょうけんめい》やっとるんだろうから。それは怖《こわ》いわなあ。そういうことがあるから、「原発全廃《ぜんぱい》」を言ってるのは、気持ちとしては分かるよ。

過去七十年の、日本の戦後の歴史から見りゃさあ、反原発が出てくるのは、数字的には、そういうふうに出てくる可能性は高いだろうとは思うけど。

ただ、その人は、原発というか、「放射能が嫌《きら》いだ」って言ってるんであって、国の経済については関心はないし、ましてや、「軍事的視点から、原油の供給はどうなるか」みたいなことまで考えてはいないわなあ。

だから、環境《かんきょう》論者が、左翼《さよく》や憲法を護《まも》るのと一体になって、今、〝だんご〟になってる感じかなあ。そんな感じだね。

いやあ、いずれにしても、これは責任を取る人がいなければ、判断できないことは多いだろうねえ。

小泉《こいずみ》元総理が「反原発」を推進する理由とは？

福田赳夫　今は、反原発の意見が出るのは分かるよ。だけど、自民党の元総理が、「反原発」って言ってるんだろ？（苦笑）　小泉《こいずみ》（純一郎《じゅんいちろう》）君とかが言ってるんだろ？

綾織　そうですね。

福田赳夫　もう、どうしようもないじゃん、こんなの。元総理で、五年以上やったのが、「反原発」を言ってるんだろ？　だから、単に安倍《あべ》さんに嫉妬《しっと》してるとしか思えんじゃんか。なあ？

綾織　そういう感情なんですね。

福田赳夫　うん。派閥《はばつ》争いによく似たような感じがするよ。

綾織　なるほど。

福田赳夫　「安倍降ろし」をしてるように見えるわなあ、はっきり言えば。

綾織　ある意味、自分を超《こ》えようとしているところを……。

福田赳夫　うん。嫉妬してんじゃない？　（総理大臣を）五年ぐらいやったんじゃない？　小泉もな。

綾織　はい。そうですね。

福田赳夫　「（安倍首相が）自分を超える」と思って、嫉妬してんじゃないの？

綾織　なるほど。

福田赳夫　感情的には、そうなんじゃないの？　まあ、「原発」を使ってるけど、ほんとは、「もう、いいかげんに降りろ」って言ってるんじゃないの？

綾織　その意味では、まだ〝色気《いろけ》〟があるんでしょうかね（苦笑）。

福田赳夫　あるのよ。〝色気〟があるか、息子《むすこ》を立てたいか。

綾織　ああ、そちらのほうですか。

福田赳夫　安倍君が小泉進次郎《しんじろう》を干《ほ》してるからね。それもあるんじゃないの？

綾織　ああ、なるほど。

福田赳夫　それで、嫌《いや》がらせしてんだよ。それも入ってるわな。

7　自民党は「もう終わった」?

自民党の「ある意味での最後」となった政権とは?

表　今の自民党で、次に出てくる政治家として有力視されている方は、どなたかいらっしゃるのでしょうか。

福田赳夫　いやあ、自民党っていうのは振《ふ》り子みたいに揺《ゆ》れるんでね。だから、負けると見たら、安倍《あべ》さんの反対みたいな人が出てくるかもしれないし、「この路線がいい」という人は、彼のお気に入りの人が、跡《あと》を襲《おそ》うかたちになるだろうねえ。

「有力視」って、特に有力な人はいないよ。いないけど、(総理に)なった人が「有力」になるんだよ。

表　福田先生は、今、日本をどういった方向へ導きたいと考えておられますか。

福田赳夫　うーん……。何となく、〝もう終わった〟ような感じもしないでもないねえ。

綾織　ほう。

福田赳夫　誰《だれ》で終わったんだろうねえ。うーん……、宮澤喜一《みやざわきいち》で終わったか、竹下《たけした》（登《のぼる》）で終わったか。まあ、微妙《びみょう》なあたりだなあ。

あるいは、●村山《むらやま》政権なんかをつくったところで終わったか。まあ、この可能性もありますがなあ。

●**村山政権**　1994年6月に成立し1995年8月まで続いた、日本社会党委員長の村山富市《とみいち》氏を首相とした内閣。羽田内閣の総辞職を受け、政権復帰を目指す自民党は、日本社会党、新党さきがけと連立を組むことに合意した（「自社さ」連立政権）。

綾織　確かに、そうですね。

福田赳夫　ああいう、何党もが結集して、社会党の党首を首相にしてやったところで、まあ、奇策《きさく》だわな?

綾織　はい。

福田赳夫　ああいう兵法《へいほう》で与党《よとう》に返り咲《ざ》いたけども、もしかしたら、あれが自民党の、ある意味での最後だったかもしれないねえ。ああいうことは、政治の本道《ほんどう》では、あんまりやってはいけないことだわなあ。

人材養成がなく、選挙対策で「見てくれ中心」になっていることを嘆《なげ》く

綾織　そこが自民党の最後だとすると、まあ、今は、いちおう自民党政権になって

福田赳夫 あの世からの提言③

自民党は何となく、
〝もう終わった〟ような感じもしないでもないねえ。
誰《だれ》で終わったんだろうねえ。
うーん……、宮澤喜一《みやざわきいち》で終わったか、竹下《たけした》（登《のぼる》）で
終わったか。まあ、微妙《びみょう》なあたりだなあ。
あるいは、村山《むらやま》政権なんかをつくったところで
終わったか。

いるわけですけれども、今後の政界をどのように展望されますか。

福田赳夫　だから、人材がなあ……、まあ、「人材」なんだよ、ほんとなあ。

今、タレント議員みたいなのに頼《たよ》ってみたりさあ、女性票を取ろうとして、女性を引っ張り出してみたり、いろいろやってるけどね。この国が、もう一段の大国を……、まあ、世界二位まで来てて、三位に落ちちゃったけど。アメリカ、中国って、二つ走ってて、インドが追いかけてきてる状況《じょうきょう》のなかで大国になっていくために、日本を率いるだけの人材が育っていないというか。システム的にもないし、ほとんど選挙に精力を費《つい》やして、国の運営を固めるところまで行かない。

自民党の五五年体制●っていうのが続いていた時代は、政権としては安定してたからね。四十年ぐらいはずーっと続いてたから、人材養成はできたわけよ、ある意味ではな。

だから、政権は自民党のなかで回っていくんであって、まあ、派閥《はばつ》が幾《いく》つかあっ

●**五五年体制**　1955年に成立した、二大政党を中心とする政治体制。与党第一党は自由民主党、野党第一党は日本社会党が占めた。以後、自由民主党の政権維持が1993年まで40年近く続いた。

たけど、それぞれが〝一種のスクール〟よ。何て言うか、派閥の長《ちょう》が塾頭《じゅくとう》で、それぞれの塾で、次の政権担当者を養成しておったわけで。交代してやってて、競争してたわけでね。

その意味で、「人を育てる機能」もあったんだけどな。

綾織　ええ。

福田赳夫　「派閥は悪い」っていう意見がマスコミで強くなってさ。派閥の合計で、数合わせで決まっちゃうのは……、要するに、国民的に選ばれるわけじゃなくて、派閥の力学で決まる。その元は、角栄《かくえい》的な資金量、つまり、「金をどれだけ撒《ま》くか」で〝子分《こぶん》〟ができる。だから、それはよくない、と。

角栄理論で言やあさ、結局、「（自民党議員の）二分の一以上を取れば、政界を牛耳《ぎゅうじ》れる」ということで、二分の一を取るには自民党のなかで最大派閥になればいい。

そうすると、四分の一以上、取ればいいわけで。

「四分の一以上を取るためには、どうするか」っていうと、「自分の派閥、プラス、お金を配って、選挙のときだけ、投票のときだけ、ほかの派閥を抱《だ》き込《こ》むことができれば、いける」ということで。

まあ、彼の計算によれば、「レバレッジ（梃子《てこ》）を利《き》かせて、少数の人数で全体が取れる。その梃子がお金だ」という理論だった。

これは、従来の「宰相《さいしょう》になるための人材の条件」とは、だいぶ〝ずれた〟もんだったわなあ。

要するに、〝成金《なりきん》型経営〟だわな。成金が……、まあ、「社長になるにはいいかもしらんが、一国の宰相になるには、どうかなあ」という。だから、バッシングを受けたのには、一定の理由はあるとは思うよ。

綾織　うーん。

福田赳夫　（田中角栄は）「五つの道徳（五つの大切・十の反省）」とか何か、そんなことを言ってたけどね、そういうもんでは、高学歴の国民は騙《だま》せなかったからなあ。

まあ、叩《たた》き上げでもいいんだけどなあ。もうちょっとリンカン的に尊敬されるような感じならいいんだけど、そこまでは行ってなかったわなあ。

綾織　なるほど。

福田赳夫　今は、人材養成がなかなかできにくい感じになってるので。というよりは、「選挙で勝てる人のほうがいい」ということになって、「見てくれ中心」になって、だんだん、スターとか、俳優とかみたいな感じのがよくなってる。小泉進次郎《こいずみしんじろう》だろうがさあ、まあ、ほかの人でもいいけど、マスコミに出て受けがよさそうなの

●五つの道徳（五つの大切・十の反省）　田中角栄元首相が提唱した教育指針のこと。「五つの大切」とは、「人間、自然、時間、モノ、国・社会を大切にしよう」というもの。

を据《す》えたがる気《け》はあるわなあ。

だから、「見てくれは悪くても味がいい魚」みたいなものは、なかなか上がってこないよねえ。

「一国平和が保てればいい」という日本の考え

綾織　今後、大国を率いる政治家というのはどうしても必要ですし、先ほど、中国とアメリカについて、「実際には戦争できない状態で、中国が肥大化していく」という状況も説明がありました。

やはり、このなかで大政治家が生まれなければ、日本の命運も非常に厳しいと思います。今後の政治家の養成の部分ですが、国民としてどのように政治家を育てていくべきか、何かお考えはありますでしょうか。

福田赳夫　まあ、それまで国がもってたらの話だけどね。外国に敗れる場合もあれば、国が財政破綻《はたん》する場合もあるしな。分かりませんねえ。

うーん……、まあ、ちょっと私たちの時代と違《ちが》うので。世界何十位のところから上がってきたからさあ（笑）。ずーっと上がってきたので、成長する楽しみはあったけどね。今はそれが行き詰《づ》まってるし、世界のトップの国になるには、世界戦略を持って、リードするような「哲学《てつがく》」が要《い》るんだろうよ。島国根性《しまぐにこんじょう》で、そこまで考えがないっていうことで、基本的には「一国平和が保てればいい」っていうことだろ？

だから、「戦争で占領《せんりょう》される」っていうことを考えるよりは先に、「戦争がないほうがいい」ということで、「かかわらないのが、いちばん」っていうことだな。

まあ、「道路で人が暴漢に襲われとっても、かかわらないのが、いちばん」っていう、そんな感じだな。それにちょっと近い。警察官を増強しようとも考えないし、自分が上着《うわぎ》を脱《ぬ》いで戦おうともしないし、大声を出して人を呼ぼうともしないで通り過ぎる。それが今の日本だわな。

だから、国際問題等も同じようなもんだし、原発だって、「できたら騒《さわ》ぎたくない。騒がれたくない。過ぎ越《こ》したい。風化したら、また考えてもいいけど」っていうような、そんなところでしょ？　先延《さきの》ばしして、「二十年後、三十年後にゼロにする」とかいうことで、自分がいなくなってるのを知ってて、そんなことを言ってんだろ。だいたい、「二十年後や三十年後にゼロにする」とか言ってみたりして、あとに先延ばしするんだろ。

だからね、まあ、この国民のレベルを変えなきゃいけないだろうねえ。

「マス・インテリ時代」では政治家が賢《かしこ》く見えない

綾織　基本的には、ポピュリズムの問題が大きいと思うのですけれども。

福田赳夫　「ポピュリズム」とくるか。うーん、「ポピュリズム」っていったら、民主主義はほとんど否定されるふうになるんじゃないの？

綾織　「国民の意識を変えないといけない」というお話でもありまして、やはり、国民の考え方を引っ張っていくというところが大事かと思います。

福田赳夫　いや、私たちの時代はね……、まあ、角《かく》さんは知らんけどさ、私たちの時代は「エリートの時代」だからね。「国民のなかで選びに選ばれたエリートが、まだまだこれから教育途上《とじょう》にある国民を引っ張っていく」っていう、〝古き良き時代〟だったからね。

ただ、今は「マス・インテリ時代」に入ってんだろ？　政治家になるぐらいの知力を持ってる人は、万の単位はどうせいるんだろうからさ。何百人かの人が、みんなよりも知識も情報も多く、知恵《ちえ》もあって判断できる時代じゃなくて、万の単位で似たぐらいのレベルの人はいっぱいいるわけよ。

例えば、マスコミもたくさんあるけど、そこで記事を書いたり、テレビで放送したりできるような人たちは、政治家と比べて、自分の知見《ちけん》が落ちるとは思ってないわけよ。だから、粗《あら》はよく見えてるわな。

まあ、「（政治家を）やってみろ」と言やあ、できるかどうかは別だけどなあ。怖《こわ》いのは、そりゃ選挙の恐怖《きょうふ》だけでしょ？「落ちる恐怖」だけ。それと、「金集め」の難しさだけだよな。そこだけが関門だよな。

だから、「ポピュリズム」といっても、あんまりはっきり言いすぎたら、そらあ、民主主義の否定になっちゃうとは思うけれども。エリートシステムも、もともとポピュリズムに支えられているわけであって、「自分たちじゃ分からないから、とにかくエリートに任せれば、この国を運営してくれるんだろう」と思ったのね。

それが、だんだんマス・インテリが出てきて、政治家はみんな賢《かしこ》く見えなくなってきたから、次はちょっと退屈《たいくつ》してきてさあ。そういう〝偉《えら》い人〟を選ぶよりは、ＡＫＢだか何だか知らんが、ああいうもののファン投票みたいな気分になってきてるわけよ、政治もな。なんか、見て気分がいい、画面映《うつ》りがいい人に、「わぁ、あの人に一票入れたんだ」みたいな感じでさ、自分が親近感を感じるような人に入れたくなってきてるんじゃないの？

だから、私はその国民がいいのか悪いのか、さっぱり分からない。

リーダーを判別する能力がなくなった日本人

数森　「今の日本人は、知識をいくら持っていても、精神性の部分が足りない。もしくは、騎士道《きしどう》精神であったり、そういった部分が足りない」と感じることがあるのですが、福田先生からご覧になって、今の日本人に足りないものは何でしょうか。精神的なものも含《ふく》めて、何かご意見があれば、お聞かせいただきたいと思います。

福田赳夫　まあ、「リーダーを判別する能力がない」んじゃないの、ほとんど。そうなんじゃないの？

数森　それは、価値観というものも含めてでしょうか。それとも、知識が足りない、もしくは判断の……。

福田赳夫　はっきり言えば、左翼《さよく》思想が強くなりすぎて、「どんな人が偉いのか」っていう判断ができなくなってんじゃないの。そういうことなんじゃないの?

やっぱり、「偉い人というのは、権力を持って、国民を引っ張って、戦争に巻き込んで、不幸にする」というような刷《す》り込《こ》みがずっとあるからね。

だから、経済だけに限っとれば、損したか得したかで判断できるから、平和だったわけよ、戦後長らくね。だけど、経済だけでなくなってきたら、それは難しいわなあ。

「人命《じんめい》は地球より重い」は今も昔も変わっていない

表　先ほど、「リーダーを判別する能力が不足してきた理由は、左翼的思想が蔓延《まんえん》

福田赳夫 あの世からの提言④

日本人はリーダーを判別する能力がないんじゃないの、ほとんど。

そうなんじゃないの？

はっきり言えば、左翼《さよく》思想が強くなりすぎて、「どんな人が偉《えら》いのか」っていう判断ができなくなってんじゃないの。

したからだ」という話をお聞かせいただきました。

ただ、一方で福田先生はハイジャックの事件のときに、「人命《じんめい》は地球より重い」という発言をなさいまして、ハイジャック犯を逃《に》がすということをされ、国際的な批判を受けられたかと思います。

現時点で、当時の事件に関して、どう思われているかということと、今の日本を取り巻く国際情勢を見られて、今ならどのように判断されるかということをお聞かせいただいてもよろしいでしょうか。

福田赳夫　同じじゃないの？　全然変わってないんじゃない？　国としては。

日本で今、羽田《はねだ》でハイジャックが起

政府関係者らが迎えるなか、救援機から降りるハイジャック機の乗客（1977年10月5日撮影）。

きたとしたって、ああいう欧米《おうべい》みたいに、「機関銃《きかんじゅう》を持って乗り込んで、犯人を全部撃《う》ち殺して、乗客も巻き添《ぞ》えで十人ぐらい死にました」っていうのは、やっぱり、政権はもたないんじゃない。どうだ？　今の日本じゃ、もたないだろう。

まあ、欧米ではもつよ、制圧したらね。ハイジャック犯を全部倒《たお》したら、それでもっと思うけど、日本の今の価値観では、「ハイジャック犯を皆殺《みなごろ》ししました。乗客が巻き添えになって十人、二十人死にました」っていったら、政権はもたないよ。この価値観と今の軍事や外交に対する考えは、全部一緒《いっしょ》だよ。ここが変わらないからね。

だから、もたないよ。安倍さんだってもたないよ。そらあ、この前、二人ぐらい死んだかもしらんけどさあ、「イスラム国」かどっかで。あのへんで、本人（安倍首相）がもちかねてる限度だったんじゃないの？

まあ、あれは、そういう〝あれ〟じゃなかったからね。「自分たちで取材に入って、捕《つか》まって殺された」っていうのだけど。

●二人ぐらい死んだ……　２名の日本人（湯川遥菜《ゆかわはるな》氏と後藤健二《ごとうけんじ》氏）が、「イスラム国」に拘束され人質にされた事件。2015年１月20日、「72時間以内に身代金を払わなければ、人質２名を殺害する」という声明を伝える動画が公開されたが、その後、２名は相次いで殺害された（『スピリチュアル・エキスパートによる徹底検証「イスラム国」日本人人質事件の真相に迫る』参照）。

でも、あれだって、「助けるために軍隊を送れ」とは、誰も言えんかったわなあ、少なくともね。だから、一緒だと思うよ。基本的に変わらないわ、今も。

もし、欧米流の強行突撃《とつげき》をして、皆殺し……、まあ、そういう部隊は（日本にも）あるけどね。養成はしてるけど、実際、（突撃の）判断ができないと思う。（日本で強行突撃を）やったら、辞職だわな。まず間違いない、日本では。

侍《さむらい》の国として、それがいいのかどうか、それは別問題だ。「国としてのアイデンティティーを失った」ということだろうからさ。

8　今の日本の政治、何がおかしいのか

「安倍《あべ》さんは日銀に責任を取らせて、逃《に》げるんじゃない？」

綾織　非常に厳しいお話が続いておりますけれども……。

福田赳夫　（数森・表を指して）だって、この顔を見てたらさあ、なんで政治家を目指すのか、私はさっぱり分からないんだよ。厳しくなる。だんだん厳しくなる。腹が立ってくるから。

綾織　（苦笑）

福田赳夫　本当は自民党諸君を怒《おこ》らなきゃいけないんだけどさあ、自民党諸君を怒れないから、代わりにちょっと言いたくなってくるので。

まあ、すまんなあ。君たちを怒る理由、いわれはないんだけれども。本当は自民党諸君を怒りたいんだけれども、怒れないからさあ。しかたなく、代理で怒りたくなるから、まあ、勘弁《かんべん》してくれや。腹が立ってくるんだ、だんだんに。

綾織　（苦笑）では、先ほど冒頭《ぼうとう》でお話があったように、「国会で話をしたかった」ということでしたけれども、もし国会でお話をされるのでしたら、自民党の議員を中心に叱《しか》り飛ばすというかたちになるのでしょうか。

福田赳夫　まあ、人間、年を取るとなあ、後進の者が頼《たよ》りなく見えるんだよなあ。これは、万人《ばんにん》の法則だからしょうがないけどねえ。

綾織　なるほど。

福田赳夫　君だってそうだろう。

綾織　いや……。

福田赳夫　九十まで生きてごらんよ。そんなもんねえ、君の何十年も後輩《こうはい》が記事を書いてるのを見たら、「バカバカしくて読んでられない」って、たぶんそうなるんでなあ。

綾織　ああ（笑）、そうかもしれませんね。

福田赳夫　だからさあ、すごく幼稚《ようち》に見えるわけよ。やってることが、みーんな幼稚に見えちゃう。しかたないなあ。だから、それで生まれ変わらなきゃいけないんだろうなあ。

綾織　（笑）

福田赳夫　そういう、じいさんがいっぱい溜《た》まったら困るからさ、生まれ変わるんだろう（笑）、きっとなあ。もう一回、赤ちゃんやらされて、謙虚《けんきょ》にされるんだよ、たぶんな。

まあ、腹は立つよ、私から見てたらな。いろんなところで腹が立つけどねえ。

日銀がスタンドプレーをやってねえ、なんか変わったことをやってるけど、やっぱり心配は心配

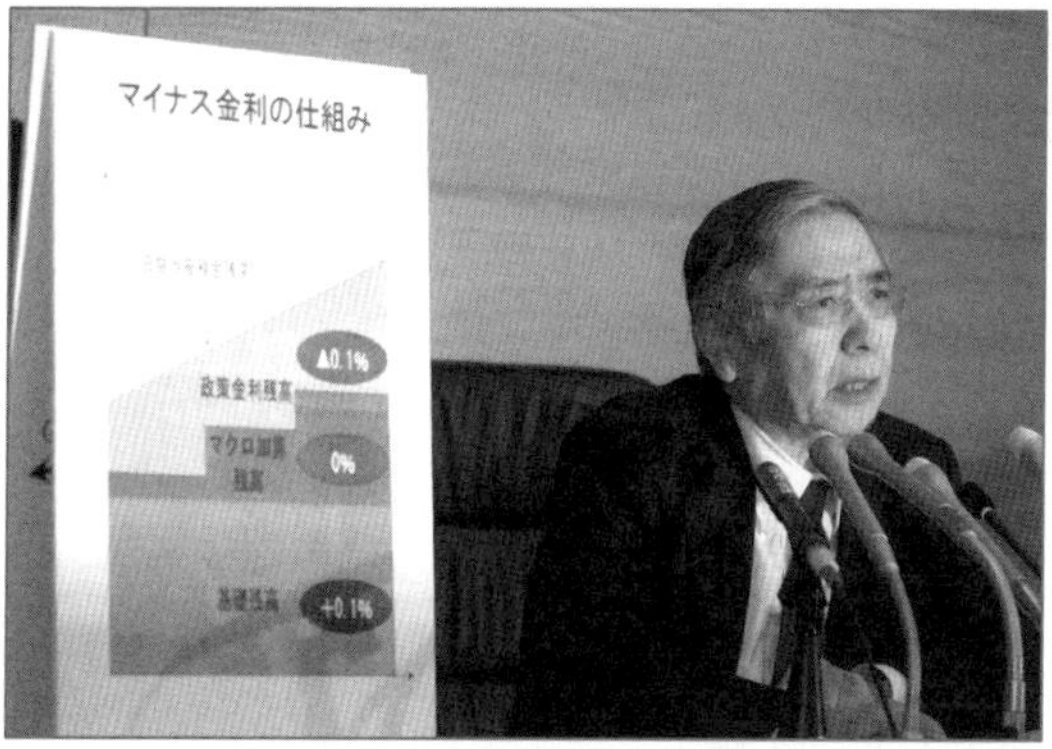

マイナス金利政策の導入を決定後、記者会見する日本銀行の黒田東彦総裁（2016年1月29日撮影）。

だなあ。「大丈夫《だいじょうぶ》かよ、おい」っていう感じはするよね。「安倍《あべ》さん、ちゃんと理解してやっとんかい？」っていう感じはあるな。

あれ、日銀に責任を取らせて、自分は取らないつもりだろう？　たぶんそう見えるよ。「日銀の黒田《くろだ》さんが、そう言ったから。『それでいける』と言ったから、やりました」って、それで逃《に》げるんじゃない？

「デフレと不況《ふきょう》はイコールではない」

綾織　先ほどのお話ですと、インフレの時代とデフレの時代というのは、まったく違《ちが》う環境《かんきょう》であるということでした。そのなかで福田先生として、デフレ時代にどのように経済政策を打っていくかというのは、非常に関心があります。

福田赳夫　別に、「デフレ」は「不況《ふきょう》」とイコールじゃないからねえ。いやあ、デフレでも経済拡大は不可能ではないんですけどね。

福田赳夫　あの世からの提言⑤

日銀がスタンドプレーをやってねえ、
なんか変わったことをやってるけど、
やっぱり心配は心配だなあ。
「大丈夫《だいじょうぶ》かよ、おい」っていう感じはするよね。
「安倍《あべ》さん、ちゃんと理解してやっとんかい？」
っていう感じはあるわなあ。
あれ、日銀に責任を取らせて、
自分は取らないつもりだろう？

綾織　なるほど。

福田赳夫　デフレでも世界の人口がこれだけ増えてる時代であれば、要するに、「物価が下がっていく」っていうことは、生活が楽になるので。

だから、「収入を上げて楽にするか、物価を下げて楽にするか」っていう選択肢《せんたくし》でしょ？

収入が上がれば、そらあ、生活は楽になりますよ。だけど、先進国の一部を除けば、今、収入が上がる構造になってないわな。なかなか上がらないですから。

そしたら、「貧しい地帯が多くて人口は増えてる」っていうことであれば、デフレ状態のほうが、世界の人たちにとっては、現実には生活が楽になる可能性が高いわけで。その最低限の生活をしてる人が、普通《ふつう》の生活に近づける可能性が高いわな。

だから、上のほうの金持ちをつくるのがなかなか難しいのは、そうかもしれないが、そういう意味では、「デフレ即《そく》不況」という考えに、必ずしも納得《なっとく》はいかないですなあ。

消費が小さくなるのは、「アメリカ人気質」になり切れないから？

綾織　ただ、物価が下がるよりも、所得のほうがさらに下がっているという問題があります。そうなると、どうしても消費がどんどんどんどん小さくなっていくわけです。そのあたりは問題なのかなと思います。

福田赳夫　だから、国民性を変えなきゃいけないんでしょ？　それができないんでしょう？

結局ね、戦後、アメリカが主導して日本を変えようとしたけれども、アメリカ人になり切れないところだよね。ここが「壁《かべ》」になってんでしょ？

綾織　なるほど。

福田赳夫　「アメリカ人になり切る」っていうことはどういうことかというと、銃《じゅう》を持って自宅を自分で護《まも》る。同じように戦争をして、世界の警察官をする。そういう「騎兵隊体質《きへいたいたいしつ》」だよな、これが一つだし。

もう一つは、「借金先行型の生活」だよね、やっぱり消費を起こす。でも、それはできない。

二宮尊徳《にのみやそんとく》さんの罪だよ。「金を貯《た》めなきゃ、貯金を積み立てなけりゃあ、駄目《だめ》だ」っていう思想だけど、アメリカはカードで借金をしながら生活をして、豪華《ごうか》な生活をしたがる癖《くせ》があるわなあ。だから、こういう国民気質に変えられるかどうかだね。二宮尊徳先生に逆立《さかだ》ちして歩いてもらえば、それはできるよ。「いやいや、もう金なんか貯めちゃいけません。一銭も貯めちゃいけません。入ったら入っただけ使いなさい。いや、入った以上に、来月、再来月のお金まで使ってみなきゃ、景気がよくなりません」っていうような経済思想でも通れば、そらあ、いけるだろうよ。だけど、簡単にはそうはならんだろう？　この国民性は。

「何でも政府がやろうとするところに問題がある」

綾織　そういうときには、政府がお金を使わないといけないタイミングだと思います。そうした方向性になると、田中角栄《たなかかくえい》さん的な手法も……。

福田赳夫　「政府」じゃないんだよなあ。だから、アメリカの場合は政府が金を使うだけじゃない。国民が金を使うんだよ。国民が金を使ってんだよ。今だけど、政府が金を使おうとしているから、幕府の末期と一緒になってるわ、今ね。

綾織　なるほど。

福田赳夫　幕府が財政赤字になってんのと同じようになってるわけよ。それはねえ、「政府主導で景気がよくなる」と思ってるところが甘《あま》いんじゃないかなあ。

綾織　では、このタイミングで国民にお金を使ってもらうためには、福田先生ならば何をされますか。

福田赳夫　安倍さんは国民が金を使うように、今、誘導《ゆうどう》してると思うよ。だけど、「本当にそれで大丈夫なんか」っていう、この不審《ふしん》は拭《ぬぐ》えんわなあ。

だから、老後だって保障されていれば使うよ。でも、「全部使って丸裸《まるはだか》になって、老後は放り出されたら、どうなるんですか」っていうのに答えられないでいるんだろ？

それに、老後だけじゃないんだろう？「女性が活躍《かつやく》できる社会」って言ってるけどさあ、今度は赤ちゃんが生まれてきても、何だか、「保育所が足りない」と言って、また大声で騒《さわ》いでるんだろ。少子化なのに、子供を預かるところが足りないって、これ、どういうことだよ？　やっぱり、おかしいんじゃないか？

綾織　なるほど。

福田赳夫　何かがおかしくないか。少子化なら、楽々、子育てできなきゃいけないでしょう？

綾織　それはそうですね。

福田赳夫　それができないんだろ？　何かおかしい。「何がおかしいか」って言うとさ、みんな政府がやろうとしてるところに、問題があるんじゃないの？

「自己責任には、野垂《のた》れ死《じ》にする自由もある」

綾織　では、民間の力を引き出す方策としては？

福田赳夫　だから、お金を使うのは個人の自由だよ。使ったらいいんだよ。

「その代わり、野垂《のた》れ死《じ》にする自由もあるんだ」っていうことだよ。

綾織　はあ。

福田赳夫　それはそういうことだろう？　自己責任っていうことは。

「金をいくら使っても、預金なんか持っていようが持っていまいが、そんなの個人の勝手です。だけど、野垂れ死にするかもしれません。でも、今が楽しくてよけ

福田赳夫　あの世からの提言⑥

少子化なのに、子供を預かるところが足りないって、これ、どういうことだよ？
少子化なら、楽々、子育てできなきゃいけないでしょう？
みんな政府がやろうとしてるところに、問題があるんじゃないの？

れば使ってください」と。まあ、「こういう経済が日本を救う」と安倍さんは言ってるんだろう？

だけど、「それはどうかな？」と、みんな不審《ふしん》がってるわけだからな。

綾織　はい。

福田赳夫　それで政府は、「税金、税金」言うからさあ。「税金を上げるというんだったら、ちゃんと保障しろ」と、こういうことでしょう？

「老後の年金を、ちゃんと保障しなさい」「子育て支援《しえん》をちゃんとしなさい」「結《けっ》婚《こん》しても給料が下がらんようにしてください」「復職できるようにしてください」「アルバイトでも正規と同じ給料を出してください」「ベースアップは、首相主導で上げてください」。

綾織　うん。

福田赳夫　何か、おかしくないか？　何だか、おかしく見えるな。何だか、おかしいわ。

綾織　はい。

福田赳夫　何が、おかしいんだろうね？

綾織　まあ、政府が、そういう給料から老後から、全部面倒《めんどう》を見ていこうということの問題だと思うんですけれども。

福田赳夫　これは、やっぱり中国に今、〝吸い込《こ》まれ〟かかってるんじゃないの、もしかしたらねえ。国家社会主義に憧《あこが》れてるんじゃない？ ある意味ではなあ。
HS政経塾生《せいけいじゅくせい》に向けての厳しい指摘《してき》

綾織　今日は、全国民に向けてのお話なんですけれども……。

福田赳夫　（質問者のHS政経塾生《せいけいじゅくせい》を指して）このあたりが〝バリア〟になって、国民が見えないんだよなあ。

綾織　いやいや、まあ。

福田赳夫　国民が見えない。全然見えない。まったく見えない。（HS政経塾生を指して）このへんでなあ、私の知力が国民のほうまで行こうとするのを、ここで何て言うかなあ、屏風《びょうぶ》みたいな感じで止まってるんだよ。どうにかならないの、これ？　鉛《なまり》の壁みたいね。

綾織　（収録用のテレビカメラを指して）テレビカメラの向こうには、国民の顔がありますので（笑）。

福田赳夫　うん？　誰《だれ》もいないわ。ああ、（ＨＳ）政経塾、駄目だな。もう解散。解散したほうがいいわ。もう国民のため、会員のため、信者のため、未来のため。

数森　いや、政経塾生一同、しっかりと頑張《がんば》っていきます。

表　今後も頑張ってまいりますので。

福田赳夫　いや、働くんだよ。政治をやらずに、外で働けばね、収入になるから、ＧＤＰを上げられる。

綾織　（聴聞席《ちょうもん》を指しながら）政経塾生は、そちらの席のほうにもおりますので。

福田赳夫　（聴聞席の窪田《くぼた》を指して）あれ、人相《にんそう》悪いじゃないか、ほんと、もう。あっ、笑うんだ、いちおう。

窪田　笑います。

福田赳夫　ああ、そうか。

窪田　すみません。睨《にら》んでいるつもりはなかったんですけれども。

福田赳夫　人相悪いよ。すっごい悪い。〝犯罪人〟が入ってるかと思った。それで当選すると思ってるわけ？

窪田　たいへん失礼いたしました。人相がよくなるように努力してまいります。

福田赳夫　うん、頑張りなさいね。今は、人気投票なんだからね、ほとんど。

窪田　はい、ありがとうございます。

9　福田赳夫が考える「成長産業」とは

「社会保障」と「自助努力」のバランスをどう考えるべきか

窪田　本日は、たいへん素晴《すば》らしい機会を賜《たまわ》りまして、ありがとうございます。私からも一点、質問をさせていただきます。

福田赳夫　うん。

窪田　先ほど、社会保障の部分で言及《げんきゅう》をされたかと思うのですが、社会保障を充実《じゅうじつ》化していくと、一方で、自助努力の精神というものが損《そこ》なわれる部分が出てまいります。そのバランスというものがたいへん重要な観点だと思うんですけれども、政策を実行する上で、セーフティネットを整《ととの》えつつ、国民の自助努力の精神を最大限発揮させるポイントとは、どのようなものでしょうか。

福田赳夫　やっぱり、それはねえ、高度成長期と一緒《いっしょ》ですよ。「一生懸命《いっしょうけんめい》働いたら先行きがよくなる」っていうね。企業《きぎょう》も国も右肩《みぎかた》上がりの、そういうふうな気持ちを、みんなが持てるようにすれば、それはそうなると思うよ。

だから、「一生懸命頑張《がんば》ったら頑張っただけ成果が上がる。会社は発展する。給料は上がる。国の税収も上がれば、ＧＤＰも上がる。国力も上がる」。まあ、こうなれば好循環《こうじゅんかん》だわなあ。善の循環で全部よくなるから。それはあなたの言っているとおり、自助努力でやってたことが返ってくるし、自助努力することによって、個人も会社も国も豊かになるんだったら、老後の不安なんてなくなってくるわなあ。

だから、「社会保障、社会保障」って言うけど、「もうすでに道路に穴が空《あ》いてるから、その穴をどうやって埋《う》めるか」ばっかり言ってるような状態であって、車は全然走ってない。これが社会保障だよな?

道路に穴がボコッと空いてて、「まず、この穴を埋めていかないと走れませんな」っていうことで、交通、みんな止まってるわけよ。走れなくなってる状態。

これを高速道路に変えてしまえば、それは走るわな。そこのところの問題だろうけども。

やっぱり、「なんで道路にその穴が空いとるのか」っていうとこを考えないかんだろうねえ。

(窪田に)なんで高速道路に穴が空いとるんだね。君、教えてくれよ。私は死んでるから分かんないんだよ。死んで二十年、何があったんだ、いったいこれ。それとも、わしが死んだから穴が空いたんか?

窪田 そうですね。やはり、福田元首相のような、しっかりとしたリーダーシップを取れる首相が、現時点で出てきていないというのが、まず一点、大きな理由だとは思います。

「名目三パーセント成長」ができなかったら退陣《たいじん》すべし

福田赳夫　まあ、（二〇一三年の参議院選挙で）「名目（GDP）三パーセント成長」とか、安倍《あべ》さんは言ってたんでしょう？　で、「実質二パーぐらいの成長」って言ってたんでしょう？　できなかったら、それは退陣《たいじん》だよ。単にそれだけのことだけど。

できない。できないから日銀がいろいろ、「マイナス金利だ、なんだ」、ごそごそやってるけど、責任転嫁《てんか》しようとしてるようには見えるがな。自分ができないので、もう、し始めてるような感じに見えるので。

あれは「実質上、財務省を掌握《しょうあく》できてない」ということだと思うわな。財務省は言うことをきいてないからね。安

自民党の2013年参院選マニフェストには、「今後10年間の平均で、名目GDP成長率3％程度、実質GDP成長率2％程度の成長実現を目指します」と明記されている。

福田赳夫　あの世からの提言⑦

「名目（GDP）三パーセント成長」とか、安倍《あべ》さんは言ってたんでしょう？
で、「実質二パーぐらいの成長」って言ってたんでしょう？
できなかったら、それは退陣《たいじん》だよ。
単にそれだけのことだけど。

倍さんの「何パーセント成長」なんて聞いてないのであって、財政赤字を減らすことしか頭にないからね。

それで、「マイナンバー制」を入れて、さらに所得をつかもうとしているんでしょう？　財産を全部つかもうとして、身ぐるみ剝《は》がそうとしているからさ、財務省はな。

だから、国民は身構えて、コートのボタンを一生懸命しめてるわな、今ね。取られないようにしようとしている。

まあ、その状況《じょうきょう》で景気がよくなると思ってるっていうとこが、やっぱり甘《あま》いわねえ。

だから、「三パーセント成長」って言ってもできなかったら、それは退陣すべきで。できる人が、やるべきだろうな。

なぜ、「田中角栄待望論《たなかかくえいたいぼうろん》」が出てきているのか

福田赳夫　いや、確かに、私にはできないかもしらんけど。それで「田中角栄待望《たなかかくえいたいぼう》論」が今、また出てきてるんでしょう?

綾織　そうですね。

福田赳夫　「角《かく》さんならやるんじゃないか」と思っとるんでしょう? まあ、そのとおりだろうね。まあ、その程度、土建屋の発想がないとできないかもしれないねえ。

だから、普通《ふつう》の人には〝無駄《むだ》なこと〟に見えるのに、土建屋には、これは「将来、金《かね》の木がなる」っていうかな、「富の木になる」ように見えるものがあるんだろ。まあ、そういうのが見える人が出てこなきゃいかんのだろうねえ。

綾織　先ほど、高速道路のお話もありましたけども、新幹線とかは、何だかんだ言って、角栄さん時代から、七〇年代、八〇年代と、各地で通してきたわけです。それが、日本国中に張り巡《めぐ》らせるまでは行っていないので、まだまだやることはあると思います。

福田赳夫　それはねえ、やっぱり、「兵力の逐次《ちくじ》投入」をしたんだよな。だから、新幹線網《もう》を敷《し》くことは、角さんのときに、もう出てると思うんだけど。

綾織　はい。

福田赳夫　でも、あのへんで、佐藤栄作《さとうえいさく》さんも言ってたと思うけど、「あんなもの、人もいないようなところを走らせて、狸《たぬき》や狐《きつね》がお客になるんかい？」っていうような、まあ、国民もだいたいそんな感じだったと思うし、マスコミもそんな感じだったと思う。だけど、今は北海道や九州まで新幹線は延びてるだろう？　流れはそうなったんだが、何十年もかかったわな。
ところが、中国では、リニアモーターカーはもう走ってるんでしょう？　上海《シャンハイ》かどっかでね。

綾織　そうですね。

福田赳夫　（日本は中国に）抜《ぬ》かれちゃったじゃない。国家主導の国家社会主義のほうが、国民の人権を弾圧《だんあつ》できるために、簡単にそういう大規模工事ができるってことだな。日本は一軒《けん》、二軒反対しただけでも、立ち退《の》きができなくなったら、できないので。国が暴力団でも雇《やと》ってないかぎり、やっぱ

上海浦東《シャンハイプードン》国際空港と龍陽路《りゅうようろ》駅の間約30キロを結ぶ上海リニアモーターカー。

りやれないんだろう？　これ「弱さ」だよな。

ポピュリズムってさっき言ったけど、人気取りだけでは、やっぱりできない。「怖《こわ》さ」がなければ、やれないんでしょう？　そこのところだわな。

だから、マスコミと野党の一部たちが、ずーっと言い続けたけど、そういう一坪《ひとつぼ》地主とかさ、反対してる人たちを支えているかぎり、なかなかできはしない。こういうのが、ずっと停滞《ていたい》させてる部分だよな、経済をな。成田《なりた》（成田空港建設反対闘《とう》争《そう》）なんかもそうだったよな。

今の日本が積極的に投資すべき産業分野とは

窪田　福田元首相が、現時点で日本の首相であったならば、国として積極的に投資をしていく産業分野とは、どんなものになるのでしょうか。
福田赳夫　そうだねえ……。確かに、「エネルギー」のところはどうしても重要だし、うーん。ちょっと、いろんなところで負けてきてるんで。もう「宇宙」、「航空」のところも負けてるし、人口が減ってきてるし。まあ……、とりあえずは、でも、「人口増政策」は取らないといかんとは思うんだよなあ。それは、「国の将来が、まだ発展の余地がある」というシグナルを送ることにはなるだろうねえ。

あとは、何だろう。まあ、海外に「第一次産業」、「第二次産業」的なものをかなり依存《いぞん》しすぎて空洞化《くうどう》してしまった。産業の空洞化が起きちゃったからね。だから、仕事が減ってきてるし。海外のほうに仕事が移って、そこの発展にはなってきてるけど、低賃金で働いてくれているので。そこから輸入するだけだったら、商社ぐらいは生き残れるかもしらんけど、日本の会社の「製造業」系および「農産業」系は、やっぱり負けていくわなあ。ここで食っていけなくなっていくので。

まあ、第一次（産業）、第二次産業が、足腰《あしこし》が弱ってきたっていうことは、将来的に、国力の拠《よ》って立つところが弱くなっているので、外国に依存する。だから、石油だけでなくて、食料から鉄、機械類まで外国に依存するようになってきつつあるので。

国としては、これでほんとに「第三次産業」以降に移行していって、大勢の人口を養いながら発展できるのかどうかだな。

そういうのは、架空《かくう》の取引みたいなのをやるような国っていうか、うーん、これもまだ国民性の問題が出てくるけど、カジノみたいなのをやって儲《もう》けたり、架空の金融《きんゆう》商品をいっぱいつくってでも儲けるところまで日本が行けないでいるのでね。そこへ全部追いやられるわけにはいかないところで止まってて。さらに「第一次（産業）」、「第二次（産業）」のところを外国に取られてきて、安いのを売り込《こ》まれてきているということだよね。まあ、安いのを買って消費してもいいけども。

だから、生き残れるのは、そういう消費サービス産業系統の人だけになるけど、「日本の人口がそこにばかり集まって、ほんとにこの国は大丈夫《だいじょうぶ》か?」っていう問題はあるわなあ。

その意味では、やっぱり第一次（産業）、第二次産業の部分も、別のかたちでちょっと生き残らないと、先は危ないし。とりあえず、それをつくるとしたら、やっぱり「人口増」が必要だわなあ。

「人口増」は、今の国民を増やす方法を出すか、移民を日本人化して入れるか、二つぐらいしかないとは思うんだけどな。これが、一つだな。

あとは、「原子力政策」のところは、私もちょっと言いにくくて、分かりにくいところではあるんですけどねえ。

他の国で、まだ原発を推進しているところはいっぱいあって、それをやめるっていうところは、ほんのちょっとしかないみたいなんだけど。そのマクロの認識というかなあ。世界的に見て、国のエネルギー政策として誤っていないのかどうか、認識できてるかどうかは、まあ、心配は心配ではあるわなあ。

だけど、原発を持ってるっていうのは、たぶん、「核《かく》武装をする準備だろう」と思ってるマスコミと野党が多いから反対してるんだろうけど。

これも、国の存続が危《あや》うくなる可能性は、やっぱりあることはあるだろうなあ。

だから、アメリカに引っ張られたけど、アメリカ人になり切れないところで止まっている。ここで止まっているので、これをどういうかたちでだなあ、穴を開けて突破《とっぱ》するかを考えなきゃいけないわな。

だから、知恵《ちえ》を出す人が必要だわなあ。

10　福田流「日本の富を増やす法」

日中間の「歴史認識の問題」について答える

山本　ＨＳ政経塾《せいけいじゅく》第六期生の山本慈《やまもとめぐみ》と申します。

福田赳夫　何だか、政治家はいないのに「○期生」というのはいっぱいいるんだね、君のとこ。ずいぶん経済的に潤《うるお》ってるんだなあ。

綾織　いえいえ。将来のホープとして育てております。

福田赳夫　将来のホープとして？　うーん、将来、税金を使う人たち？

綾織　いえいえ。たくさん「富を生み出す人材」です。

福田赳夫　富を生み出す？　ほんと？　ふうーん。あっ、そう。

山本　本日は、このような機会を賜《たまわ》りまして、本当にありがとうございます。

福田赳夫　あっ、うん、うん。はい、はい。

山本　私からの質問なんですけれども、先ほど、「自助努力の精神の政策が大事である」ということと、「国家のアイデンティティーが弱まってきている」ということを教えていただきました。

それを踏《ふ》まえまして、そこに関係してくるのが、やはり戦後の歴史教育のところであるのかなというふうに思います。

福田赳夫　うん。

山本　歴史認識というものを正しく理解していないために、愛国心が育たなくて、国家のアイデンティティーが弱くなっている面もあると思うのです。

今、日本は、中国と「歴史戦」を行《おこな》っていますが、生前、福田先生は、日中友好正常化をされつつ、靖国《やすくに》神社にも参拝《さんぱい》されました。また、中国に対しても、「内政不干渉《ふかんしょう》」というふうに強い発言をされています。

春の例大祭が行われている靖国神社を参拝する福田赳夫首相（1977 年 4 月 21 日撮影）。

今後、中国と歴史認識の問題のところで戦っていく上で、どのように中国との外交を展開していくべきなのか、アドバイスがあればよろしくお願いいたします。

福田赳夫　まあ、「歴史認識を戦う」っていうのは、もうひとつ、よくは分かんないんだけど。中国の歴史そのものは、もう戦争の歴史だからね。いつも戦争をしてるので、よく戦争を知ってるんじゃないかと思うんだよ。

だから、（中国が）先の戦争について言ってるのは、まあ、〝攻《せ》め道具〟の一つとして使ってるだけであるわけで。日本人のほうが、あまりにウブすぎるんじゃないかね。言われていることを、まともに受けすぎているんじゃないかなあ。

「中国五千年の歴史」って言ったって、みんな戦争の歴史ですよ、ほとんど。戦争ばっかりしてるんだから。国内で分かれて戦争するのと、外国とするのと、そればっかりやってるので。まあ、平和な時代っていうのは、珍《めずら》しい時代ですから。

だから、（中国は）ああやって日本のことを言ってるけど、それで、日本のマスコミが書いたり、日本国民が萎縮《いしゅく》したりしたら、まあ、笑ってる部分も半分はあるんじゃないかなあ。

彼らは、もっともっと人殺しをたくさんやってきた歴史を持ってるからねえ。

「何十万も殺す」なんていうのは、これは自分たちがやってきたことを、今、日本に押《お》しつけようとしているだけで。自分たちは、そんなことはいっぱいやってきてるので。何十万の単位とか。

毛沢東《もうたくとう》なんか、何千万も殺したっていう話もあるぐらいですから。そういうのを全部隠蔽《いんぺい》できる国なんで。まあ、〝消して〟しまえば証拠《しょうこ》がなくなるのでね。「それを書いたり、しゃべったりしたら、その人を殺す」と言えば、そういう情報は出なくなるからね。

だけど、日本はいくら言い放題にしても何も反撃《はんげき》がないからさ。楽なんだろうと思うけど。

「アメリカと中国の両方から富を吸収する方法を考えよ」

福田赳夫　まあ、それをあんまり深刻に捉《とら》える必要はなくて、「中国が、〝逆に〟見える」わけよ。痩《や》せた豚《ぶた》だったのが、今は太った豚に変わってるのよ、中国がな。「太った豚になったから、これは、いい中華《ちゅうか》料理に変えてやらなきゃいかん」というふうに考えないかんわけよ。

だから、中国が儲《もう》かるのは、結構なことですから。この中国から、「もうちょっと富を搾《しぼ》り取ってやろう」っていうことを考えなきゃいけない。そういうねえ、少し〝あくどい〟人が出てこないといかんわけだなあ。中国がこれから儲かるので、これからどうやって富を吸い上げるかを考えなきゃいけないですねえ。もうちょっと考えなきゃいけない。

綾織　まあ、「爆買《ばくが》い」ということで、それなりには……（笑）。

福田赳夫　いや、あんなもんじゃ駄目《だめ》だなあ。あんなもんじゃ……、もっと高いもん買わさんといかんでしょう。

綾織　なるほど。

福田赳夫　だから、「彼らが買いたくなるようなもの」だけど、何か、もうちょっとですねえ、上手にあの〝豚の群《む》れ〟をもっと囲い込《こ》んで、太らして、やっぱり金に変えなきゃいけないよな。あれだけ、せっかく、にわか成金《なりきん》がいっぱい出てきてるんでしょう？　あれを上手に囲い込む方法を考えないといけないでしょうねえ。

綾織　うーん。なるほど。ある意味、アメリカの場合は、日本のお金を使ったり、中国のお金を使ったりして自分たちの経済を活性化するという、うまく自分の国に還流《かんりゅう》させる戦略を持っていました。日本には、確かにそれがないですね。

福田赳夫　だから、先行きを考えたら、「アメリカ」と「中国」を両天秤《てんびん》にかけながら、両方から搾取《さくしゅ》すると言えばちょっと言葉は悪いが、うーん、両方から生き血を吸う……、いや「生き血」もよくないな。

綾織　（笑）

福田赳夫　まあ、「アメリカと中国の両方から富を吸収する方法」を、やっぱり考えないかんでしょうなあ。

綾織　それは、そうとう賢《かしこ》くやることになりますねえ。

福田赳夫　そうです。外交をうまくやらないかんですなあ。

綾織　具体的にお知恵《ちえ》を頂けるとしたら、どんな感じなんでしょうか。

福田赳夫　うーん。まあ、韓国《かんこく》みたいに生きることだろうなあ。

綾織　（苦笑）あまり美しくないですね。

福田赳夫　美しくないか。でも、経済成長してるよ。

綾織　まあ、最近はちょっと厳しいと思いますけどもね。

福田赳夫　最近は厳しいか。まあ、でも、成長したよな。

福田赳夫　あの世からの提言⑧

先行きを考えたら、「アメリカ」と「中国」を
両天秤《てんびん》にかけながら、両方から搾取《さくしゅ》すると
言えばちょっと言葉は悪いが、
まあ、「アメリカと中国の両方から
富を吸収する方法」を、
やっぱり考えないかんでしょうなあ。

綾織　はい。

福田赳夫　アメリカにも中国にも言い寄って、うまいことやっとるわな、確かにな。そういう意味では、日本人は、まだ不器用だな。

綾織　なるほど。

「許認可行政」と「国防」の関連を指摘《してき》する

表　「国外から富を吸い上げる、吸い寄せる」というお話を頂きましたが、そのためには、日本を、海外の投資家から投資していただけるような魅力《みりょく》的な国にする必要があるのではないかと思っています。

福田赳夫　うん、うん。

表　それには、規制緩和《かんわ》が必要だと思うのですが、やはり、「大きな政府」の意識というものが、今の政府にも、官僚《かんりょう》のみなさまにもあると考えています。
やはり、民間をもっと自由な活動ができるようにして、政府や行政がそれをサポートするという考え方に持っていくためには、行政の内部改革というものも必要なのではないかと思うのですが、その点に関しては、何かお考えがおありでしょうか。

福田赳夫　だから、その許認可行政も、「国防」のうちに入ってるんだろうよ。だから、外国の投資家が入りにくくなってる。なあ？
別に中国だけでなくて、ユダヤ資本も入りにくいしさ、それ以外の欧米《おうべい》の資本だって入りにくい。「日本買い」して、あんまり得がないんだよなあ。マーケットは海外に逃《に》げていってるしさ。まあ、日本の土地やビルを持ったって、いいことがあまりないし、節税効果も少ないしなあ。
まあ、そういう意味で、投資家があんまり日本に入ってこないよな。でも、これ、国防的観点から手続きを難しくしてる面もあることはあるわなあ。

綾織　うーん。

福田赳夫　もし、台湾《たいわん》や韓国や中国に、土地を買い漁《あさ》られても怖《こわ》いでしょう？　おそらく怖い面もあるでしょう。
私なんか、沖縄《おきなわ》があんなに暴《あば》れるんだったら、もう「中国に売り飛ばしてもいいんじゃないか」と思ったりもするんだけどね、ときどきね。だから、「財政赤字を埋《う》めるぐらいの額で売れんかなあ」と思ったりもするんやけどなあ。買わんかしらね。

綾織　まあ、一つの〝脅《おど》し〟としては……。

福田赳夫　一千兆円ぐらいで買ってくれんだろうかね。

表　その場合の国防は、どういうふうにされるんでしょうか。

福田赳夫　何が。

表　日本の国防は、どういうふうに……。

福田赳夫　一千兆入ったら財政赤字は消えるよな。国防は楽々だ。取り返したらいいんだ、もう一回（会場笑）。

福田赳夫 あの世からの提言⑨

私なんか、沖縄《おきなわ》があんなに暴《あば》れるんだったら、
もう「中国に売り飛ばしてもいいんじゃないか」と
思ったりもするんだけどね、ときどきね。
だから、「財政赤字を埋《う》めるぐらいの額で
売れんかなあ」と思ったりもするんやけどなあ。
一千兆円ぐらいで買ってくれんだろうかね。

今、あの世で福田赳夫と田中角栄《たなかかくえい》は近い世界にいる？

綾織　先ほどから何回か出ている言葉として、「アメリカ化できるわけではない」ということをおっしゃっています。「日本としては、アメリカのようにたくさんのお金を使って経済を引っ張っていくことはできない。日本が道を拓《ひら》いていくための何らかの知恵が要《い》るんだ」というお話でした。

そのなかの一つとして、高速道路の話とか、新幹線やリニアの話も出ましたけれども、何となく、福田先生と田中角栄《たなかかくえい》先生が近い世界にいるように感じられました。

福田赳夫　うんうん。

綾織　「別系統だ」とはおっしゃりつつも、意外と、実は、今は同じような仕事をされているのではないかという印象を持ったのですけれども、どうでしょうか。

福田赳夫　うーん、まあ、一緒《いっしょ》じゃないとは思うけどねえ。

綾織　はい。

福田赳夫　やっぱり、一緒じゃないと思うなあ。やっぱり、それはねえ、うーん……。「越後《えちご》の天狗《てんぐ》」と「高崎《たかさき》の天狗」は違《ちが》いますからね。

綾織　ああ、天狗同士でも……。

福田赳夫　うーん。〝あれ〟は違います。

綾織　地域性がありますか。

福田赳夫　やっぱり違います。うん。違う。

綾織　なるほど、なるほど。

福田赳夫　うん。あれは全然違う。やっぱりねえ。うん、うん。

各家庭に刀を一本ずつ置くよう指導して「侍《さむらい》精神」を取り戻《もど》せ

福田赳夫　まあ、そうやねえ……。いやあ、君ねえ、行き詰《づ》まったら、もう、この国は売っちゃえよ！　それが早いよ。

綾織　（苦笑）

福田赳夫　で、中国に売るのが嫌《いや》だったら、アメリカに売っちゃえ売っちゃえ。そしたら、もう、何も考えなくていいんだから。うん。うん。売っちゃえ。

綾織　ここには、未来ある政治家がおりますので……。

福田赳夫　うん？　役に立たないと見たから、もう、売っちゃったほうがいいんじゃないかと。

綾織　いえいえいえ。その……（笑）。

福田赳夫　ううん？　うん。

綾織　役に立つようにという意味も込めまして、日本が道を拓いていけるような知恵の部分を……。

福田赳夫　だってねえ、自分たちで、自制ばっかりしてるからさあ。何もしないんだから。

綾織　うーん。

福田赳夫　まあ、意識を変えたかったら、日本刀を各家庭に一本ずつ置くように指導せないかんからねえ。「侍《さむらい》の精神を取り戻《もど》せ」と言って、日本刀をみんな備えて、まずは、これで侍精神を取り戻して、次は斬《き》り込みの練習をしてっていうぐらい、いかないとなあ。

綾織　うーん。

福田赳夫　「日本人は野蛮《やばん》だ」と言われて、それで怯《ひる》むようでは、やっぱり、駄目なわけで。でも、各家庭に日本刀があると思って、アメリカ軍は地上戦をやめたのも、まあ、事実だからな。

綾織　ああ、なるほど。

福田赳夫　占領《せんりょう》しても、いったい、兵士がどのくらいいるか分かんないからねえ。

綾織　はいはい。

福田赳夫　道、歩けないからねえ。いきなり出てきて、斬りかかってこられたら、たまんないから。やっぱり、侍への恐怖《きょうふ》がけっこうあったことはあったんだよ。

まあ、このあたりから始めるか。ゴルフの練習なんかやめて、もうちょっと何か銃《じゅう》で撃《う》てるもの、獣《けもの》を増やして、ちゃんと食料になるようなものを追いかけて撃つ練習をするとかね。

まあ、ちょっと意識を変えないと、今のままだったら、もう、徳川綱吉《とくがわつなよし》の時代の犬公方《いぬくぼう》みたいな、お犬様を護《まも》ってるような、そんな軟弱《なんじゃく》な国だよな。そんなふうに見えてしょうがないなあ……。

綾織　はい。

海外の財産家を日本に連れてくるための作戦が必要

数森　「現代において、刀を持つ、侍精神を持つ」というのは、本当にそのとおりかと思うんですけれども、今、日本人は、現実の「刀」ではなく、「志《こころざし》」もしくは「精神性」として、どういったものを持つべきだと思われますでしょうか。

福田赳夫　君を見てると、何だか、力がどんどんどんどん抜《ぬ》けていくんだよなあ。なんでだろうねえ。

数森　はい（苦笑）。

福田赳夫　君、政治家よりさあ、頭に、こう、白いのを被《かぶ》って、ラーメンかなんかをやってると、よく似合う感じがするんだけどな。

数森　いえ、あの……。

福田赳夫　私、勘違《かんちが》いしてるかなあ。

数森　政治家を目指しております。はい。

福田赳夫　ラーメン屋なんかで、豚骨《とんこつ》ラーメンとか似合う感じがするんだがなあ。

数森　体が……、はい（笑）。

福田赳夫　失礼かなあ。やっぱりねえ、うーん。まあ、寒いところはラーメンがよく売れるんだがねえ。

でも、確かに、さっき誰《だれ》かも言うとったけど、一つは、「許認可行政」のなあ、役所のところを、もうちょっと外さないといかんとは（思うが）、あれだわなあ。自由になったら、要するに、役人の権力は落ちるし、なあ？　あと、「ほかのものにやられるんじゃないか」っていう怖さがあるんだろうけど。

やっぱり、海外の財産家を日本に連れてくる作戦を立てないといかんと思うんだよね。財産家が逃げていく国っていうのは、危ない国なんで。「財産を持っている人が日本に来られるようにするには、どうしたらいいか」っていうことで政策を組み立てていけば、「日本に来たい。日本に土地を持って、家を建てて住んでみたい。商売をやってみたい。日本の銀行に金を預けてみたい」ということになる。まあ、こういう政策を取らないといけないと思うんだよね。それから逆発想していったら、やるべきものは見えてくるんじゃないかなあ。

綾織　うーん。

福田赳夫　じゃあ、そういう大金持ちは、どういう場合だったら日本に来なくなって、ほかのところに逃げるか。ねえ?

まずは、国防をしっかりしてるところに逃げるよなあ。あとは、やっぱり、その財産が紙くずにならないようなところに行くわな。

あと、犯罪が多いところは、行きたくはないわなあ。まあ、そういうところはある。犯罪や暴動が多いところも怖いだろうし、政変がいっぱい起きるところも、やっぱり、嫌は嫌だわな。だから、あんな、「イスラム国」みたいなところに富が集まることは、あんまりないわなあ。身代金《みのしろきん》を集めるぐらいはやってるけど、まあ、行かないわね。

綾織　はい。

福田赳夫　だから、そういうことを考えて、やるべきことをやらないといかんでしょうね。

まあ、犯罪が少ないところなんかはいいところだし、超《ちょう》低金利で、もう、「マイナス金利」が始まってるけど、これだけやって、インフレの心配がなくて、通貨の信用があるっていうのは、ある意味ではすごいことなので、もう一策設《もう》けることができれば、これは、そういった豊かな人たちが、「ひとつ、日本に本拠《ほんきょ》を置こうか」っていう気分になるかもしれませんね。

これが、まあ、もう一つです。

アルゼンチンやブラジルみたいにはならないし、ギリシャみたいにもならない、みたいなところがあるからねえ。

綾織　はい。

福田赳夫　だから、その、何て言うかなあ、まあ、君らの言葉では「企業家《きぎょうか》精神」だろうけども、企業家精神が実を結ぶような考え方をせにゃあいかんでしょうな。

アメリカは、ドナルド・トランプさんみたいな不動産王が出てきてやってるけど、みんなの期待としては、「儲けさせてくれるんじゃないか」と、たぶん思ってるわなあ。

綾織　なるほど。

福田赳夫　「儲けさせてくれるんじゃないか」っていうのと、やっぱり、「他の外国との交渉では、タフ・ネゴシエーターで、アメリカに有利な交渉をしてくれるんじゃないか」と。場合によっては、アメリカの衰退《すいたい》っていうやつを克服《こくふく》して、悪いやつをやっつける、強いスーパーマンみたいなアメリカが復活するんじゃないかと。

まあ、そんな見方があるんだろうとは思うけどね。

「日本の未来ビジョン」を出せたら道は拓《ひら》ける

福田赳夫　日本も、もうちょっと、ある意味での「強さ」が必要だろうね。安全性はあるけど、あと、「強さ」と「信頼感《しんらい》」みたいなもんかなあ。

いや、ある意味で、マイナス金利まで張って、長期金利もどんどん下がってきてるから、これはエートス（持続的な気風、特質）っていうか、考え方があれば、まだまだ発展の余地はいっぱいあるんだけど。
ちょっと、二宮尊徳《にのみやそんとく》さんには悪いんだけど、「贅沢《ぜいたく》は敵」みたいな考えで、質素倹約《けんやく》？

綾織　はい。

福田赳夫　ちっちゃく積み立てて、みたいな考えだけだったら、これはうまくいかない可能性は高いので、もうちょっと大きな富を生み出すような考え方を持たないといけないいんじゃないかねえ。

綾織　なるほど。

福田赳夫　だから、宮澤《みやざわ》（喜一《きいち》）さんの「資産倍増（計画）」は失敗したのかもしらんけども、ああいうふうな、「土地を暴落させて資産を倍増する」っていうのは、一種のフェイク（偽物《にせもの》）だったわね。

やっぱりねえ、それは、土地が暴落するんだったら、会社もいっぱい倒産《とうさん》して、銀行も倒産して、親父《おやじ》の給料も下がってくるから、物価が下がったところで、家なんか持てないわなあ、実際はな。

綾織　そうですね。

福田赳夫　まあ、「物価が下がって、金利が下がっている」というのは、本当は、長期間にわたっての大開発なんかに向いてる時期が来ているってことだから、ビジョンが出せるかどうかだな。「日本の未来ビジョン」が出せたら、道は拓けるわなあ。

綾織　はい。

福田赳夫　「未来ビジョン」が出せて、そして、外国の大金持ちがやってきて住めるような、仕事ができるような、本拠地を移したくなるような、本社を移したくなるような国に変えていくことだよ。全部のヒントは、そのなかに入ってるんじゃないかなあ。うーん。

日本の航空機産業にはもっと改善が必要

綾織　先ほどの交通革命もそうですし、都市の大開発、再開発というのを、五十年ぐらいかけて……。

福田赳夫　まあ、リニアだけだったら、今度はまた、ＪＡＬ《ジャル》とＡＮＡ《アナ》が怒《おこ》り始めるんだろうとは思うけどさあ。彼らの収入が減って、「また解雇《かいこ》しなきゃいけない」

福田赳夫　あの世からの提言⑩

「未来ビジョン」が出せて、そして、外国の大金持ちがやってきて住めるような、仕事ができるような、本拠地を移したくなるような、本社を移したくなるような国に変えていくことだよ。全部のヒントは、そのなかに入ってるんじゃないかなあ。

と言うだろうけど。

「航空機産業」も、やっぱり、改善が必要なんじゃないか？　ボーイングばっかり飛んでさあ。ほんで、ボーイングが、もう故障ばっかり起こしてるじゃないか。なあ？

綾織　はい、はい。

福田赳夫　あれ、よくないんじゃないか？

綾織　はい。

福田赳夫　あのボーイング●に、日本はやられたんだからさ。焼け野原にされたんだからさあ。

●ボーイング　アメリカの航空機製造会社であるボーイング社が開発した大型爆撃機のこと。大東亜戦争の際、大量生産が行われたB-29は、日本本土への戦略爆撃に使用された。また、広島・長崎へ原爆を投下した機種でもある。

綾織　そうですね。

福田赳夫　そんなの、恩返しはしなくてもいいんじゃないか。だから、やっぱり、国産でもっといい旅客機。さらには、いつでも長距離《ちょうきょり》爆撃機に変えられるようなものもつくっとかないといかんな。普段《ふだん》は客を運んどってもいいけど、「いざとなったらいけますよ」というのをつくっといたほうがいいね。

綾織　はい、はい。

福田赳夫　やっぱり、「軍需《ぐんじゅ》産業」のほうをもうちょっと持っとかないと駄目なんじゃないかなあ。

北朝鮮《きたちょうせん》が「人工衛星を打ち上げた」と称《しょう》して弾道《だんどう》ミサイルの実験をやってるんだ

けど、日本は「長距離旅客機を開発する」と称してヨーロッパまででも爆撃できるようなもんをつくっとくぐらい、やらないといかんのじゃないか。まあ、そんな感じがするけどねえ。うーん。

11　日本は「アジアの警察官」となれ

現代アジア情勢を踏《ふ》まえた「新しい福田ドクトリン」を訊《き》く

綾織　安全保障関連のところについてお伺《うかが》いしておきたいんですけれども。

福田赳夫　うーん。

綾織　福田先生は生前、親台派《しんたいは》として、台湾《たいわん》の側と非常に密接に関係して政治をなされてきたわけですけれども、在任中、「福田ドクトリン」ということで、東南アジア外交のビジョンというものを示されています。

この台湾と東南アジアが中国の侵略《しんりゃく》的な行為《こうい》によって脅《おびや》かされている状態となっ

ていますので、今、日本と共に繁栄《はんえい》していくような考え方が大事なのではないかと思います。

福田赳夫　うん。

綾織　その点において、「新しい福田ドクトリン」とでもいうべき、何らかの方向性等をお教えいただければと思います。

福田赳夫　アメリカは、民主党（の大統領）になっても、アジアからの戦力が退《ひ》いていく可能性は高いし、予算の削減《さくげん》もあるし、戦いたくないからね。退いていく可能性が高い。まあ、トランプ氏

東南アジア諸国歴訪を終え、マニラ空港から帰国の途につく福田首相一行。歴訪中、「日本は ASEAN 諸国の平和と繁栄に寄与する」などを掲げた東南アジア外交３原則である「福田ドクトリン」を表明した。（写真中央左が福田赳夫首相、1977 年８月 18 日撮影）

的な共和党になっても、やっぱり採算は言うし、日本には、「もっと、自分の国は自分で護《まも》れ」って、たぶん言うだろう。

だから、いずれにしても、流れ的に見たら、（アメリカが）「アジアの国を見殺しにするかどうかは日本にかかっている」と思いますね。

綾織　はい。

福田赳夫　（日本は）金、余ってんだろう？　だから、台湾？　フィリピン？　ベトナム？

綾織　はい。

福田赳夫　タイ？　どこでもいいよ。うん。ガンガン、金を出したらいいんだよ。

綾織　なるほど。

福田赳夫　で、「どんどん防衛しましょう」と。でも、その代わり、彼らだけが強くなっても、日本もまた困るからね（笑）。やっぱり、日本は、彼らよりももう一回り上でなきゃいけないから。「中国の自由にはさせません」と。

綾織　はい。

福田赳夫　実際に、（中国が）海上の珊瑚礁《さんごしょう》を埋《う》め立ててさあ、戦闘機《せんとうき》をいっぱい置いて、事実上の〝島の空母〟をつくったり、地対空《ちたいくう》ミサイルを置いたりしているっていうことは、自由に空も飛べなきゃ、海も航行できなくなるのは、もうこれは時間の問題ですよ。まもなく。

綾織　はい。

福田赳夫　そうは言ったって、日本は、中東のほうまで飛行機で飛べなきゃ、船も行けないようになるよ、もうすぐに。

それで、（中国は）オーストラリアにまで手を伸《の》ばしてきてるからね。これは危ないですよ。

綾織　なるほど。

福田赳夫　何か、大東亜《だいとうあ》戦争の中国版？　もうすぐこれをやられる寸前ですよ。

マッカーサーならぬ、アメリカの〝次の極東《きょくとう》司令官〟、まあ、追い出される可能性が高いよ。だから、あっという間にみんなハワイまで逃《に》げていかれたりしたら、みんなずっこけてしまうよ。

綾織　はい。

福田赳夫　それで、もうアジアの国はあっという間に見放されるわけですわ。で、「日本は」っていうと、日本は、自衛隊が全然護ってないんだよ。海上保安庁の船がトントントントンって動いてるだけ。国土交通省がねえ、中国船と、今、折衝《せっしょう》してるんだよ。国土交通省なんだよ。ねえ？　おかしいんじゃない？

綾織　そうですね。

福田赳夫　あれねえ。ほんとに、よっぽど悪いことをしたと思うとるんだろうなあ、先の大戦でな。海上自衛隊は出てこないんだよ。なあ？

綾織　国防強化、改革のところは、幸福実現党が何としてもやり遂《と》げたいと思っているところです。

「こんなんじゃ勝てないよ、君。もっと頑張《がんば》らんと」

綾織　今、幸福実現党が頑張《がんば》っているわけですけれども、何かアドバイスを……。

福田赳夫　いやあ、頑張ってない。なんか頼《たよ》りない感じが、もうすごい漂《ただよ》ってるの。

綾織　いえいえ。あのー……。

福田赳夫　もうラーメン屋とか、いろいろな商売を勧《すす》めたくなる。

数森　（苦笑）

福田赳夫　自活していく道を早くしないと。こんなんじゃ勝てないよ、君。もっと頑張らんと。うん。ほれ、えぐれてもう、君、〝ブラックホール〟で、グーッと吸い込《こ》んでいます。もう、（ＨＳ政経《せいけい》）塾《じゅく》ごと潰《つぶ》れるぞ、それ。早く商売、始めたほうがいい。

数森　商売……。

福田赳夫　塾で商売を始めなさい。何か売るもの、まず商品をつくらなきゃ駄目《だめ》だよ。売らなきゃ。

数森　ああ……、はい。

福田赳夫　ええ。収入をあげないと、塾が潰れるよ、これ。あなたねえ、さっき言った、「豚《ぶた》を飼って、高く売れ」って、気をつけないと、君たちのほうがそっちになっちゃうから。ほんとにねえ。もっとしっかりしてくれないと。

数森・表　はい。

福田赳夫　政治家になってくれないほうが、国防上、いいんだけど。

綾織　（苦笑）いえいえいえいえ。

「今は、経済が分からんやつは日本の総理になっちゃ駄目《だめ》」

福田赳夫　いや、すまんねえ。自民党に代わって、ちょっと言ってるので。ええ。すまん、すまん。

表　いえ、ありがとうございます。

福田赳夫　君らはそんなにさ、立場がない……、議席もない、バッジもないのに、言われる筋合《すじあ》いはないっていうのは、おっしゃるとおりだけど。

綾織　ああ、いえいえ。お叱《しか》りはそのとおりです。

福田赳夫　元総理を呼んだ以上、そのくらいは言わしてもらわんとさあ、もう、やってられないですよ。ねえ?

綾織　ありがとうございます。

福田赳夫　何しに出なきゃいけないわけよ。

綾織　はい。

福田赳夫　だから、ちょっと強く言った。ほんとは、「安倍《あべ》の首根っこをつかんで、ちょっと、誰《だれ》か縄《なわ》で引きずってこい」っていうねえ? そしたら、もっと激しいことを言ってやりたいんだけどね。

綾織　ああ……。なるほど。分かりました。

福田赳夫　彼の頭にミサイルを三発ぐらい撃《う》ち込んでやりたいぐらいの気持ちは、実際はあるけどねえ。

綾織　なるほど。では、その代わりに、今日は、質問者の二人が叱られたということで……（笑）。

表　温《あたた》かいご教示、ありがとうございました。

数森　ありがとうございます。

福田赳夫　だから、何？　（二〇一三年の参議院選挙で自民党は）名目（ＧＤＰ）三パーセント成長？　実質二パーセント成長？　公約したんで、あれができないんだったら、辞《や》めろと。

綾織　はい。

福田赳夫　それで、「消費税を上げる」って言って上げて、経済崩壊《ほうかい》したら「辞めろ」と。もう、堂々と迫《せま》ったらいいよ。そんなもんねえ、もうごまかすなよ。

綾織　はい。そうですね。

福田赳夫　経済が分からんやつは、今は、日本の総理なんか、なっちゃ駄目《だめ》だよ。後任がいない？　じゃあ、下野《げや》しなさい。そういうわけだからね。堂々とやったらいいんだよ。

綾織　分かりました。日本の「高い技術力」と「お金」があればアジアの防衛強化も可能ですから。

福田赳夫　うん。「国防」？　今、いちばん儲《もう》かる商売だよ。ねえ？　これがいちばん儲かるんだよ。もう、日本だけでなくて、ほんと、アジア全部が護ってほしくてしょうがないんですから。

綾織　はいはい。

福田赳夫　日本の「高い技術力」と「お金」で、護ってほしくてしょうがないんだけど。そんなに、みんなに予算がないんだから。

綾織　そうですね。

福田赳夫　日本は、たぶん、お金が余ってるんでしょう？　日銀、余っちゃって、もう困ってるんだからさあ。日銀の総裁（黒田東彦《くろだはるひこ》氏）っていうのは、まだ、気持ちはアジア開発銀行をやってるんだ（注。黒田東彦氏は、二〇一三年に日銀総裁に就任する前、アジア開発銀行総裁を務めていた）。

綾織　なるほど、なるほど。

福田赳夫　金、出したくてしょうがないんだからさあ。

綾織　ちょうどいいですね（笑）。はい。

福田赳夫　ローンを出したくてしょうがない。もう、超《ちょう》低金利でねえ、ゼロ金利で金を貸してくれるっていったら、みんな、潜水艦《せんすいかん》だろうが、飛行機だろうが、軍艦だろうがつくるよ。それ、ねえ？

綾織　そうですね、はい。間違《まちが》っていません。

福田赳夫　うん。やったらいいんだよ。

綾織　なるほど。

日本は「アジアの警察官」を目指し、中国と対等以上の交渉《こうしょう》を

福田赳夫　別にねえ、中国と戦争したいわけじゃなくて、対等に外交ができるような立場をつくることだよ。

綾織　はい。はい。

福田赳夫　それで、日本が怖《こわ》くなってきたら、向こうには、「爆買《ばくが》い」なんて言わせていないで、「もっと日本に金を落としにこい」と言えばいいわけですよ。

綾織　ああ、はい。そうですね。

福田赳夫　「もっと金を落としたらいい。もっともっと落としてください」って。ねえ？

綾織　「資産面で安心できます。安全です」と。

福田赳夫　もう、あっちは儲けるだけ？　今、日本に対しても、アメリカに対しても、中国が儲けるだけになってるんじゃないか？

綾織　はい。はい。

福田赳夫　たぶんそうだと思う。

それは、彼らを発展途上《とじょう》国と見てるから、そういう体制を許してるんであって、これが覇権《はけん》国家になろうと狙《ねら》ってるっていうんなら、経済的に締《し》め上げなきゃいけないわけで。やっぱり、彼らの富を搾《しぼ》り取らなきゃいけないわな。

綾織　なるほど。

福田赳夫　彼らの富を搾り取るためには、やっぱり、中国が「ちょっと手加減してください」とお願いするぐらいの状況《じょうきょう》をつくらなきゃいけないわけよ。

で、アメリカからも日本からも（中国に）圧力をかけなきゃいけない。アジアの諸国も防衛できる力を持たなきゃいけない。それで、ガチッと中国の包囲網《もう》をつくらなきゃいけない。そして、インドなんかもしっかりと手なずけて、「中国から工場を引き揚《あ》げても、全部、インドでできますよ」という状況をつくらないといかんわな。

数森　はいはい。

福田赳夫　だけど、「海上封鎖《ふうさ》」と「航空封鎖」、両方やられる可能性があるから、これがとっても危険ですよ。海上封鎖ができたら、もうタンカーは全然動かないんですから。

綾織　そうですね。

福田赳夫　タンカーなんか、自分を護る手段じゃなくて、油の塊《かたまり》なんですから。そんなの、爆弾《ばくだん》一個、ミサイル一発で爆破ですから。一隻沈《せきしず》められたら、もう動けなくなりますよ。（日本に）油なんか入らないですよ。

綾織　はい。

福田赳夫　あと、（中国は）「地対空ミサイル」を持ってるんでしょう？　ＪＡＬ《ジャル》だろうがＡＮＡ《アナ》だろうが、撃ち落とされますよ。どこも行けないですよ。ええ。これ、大変なことですよ。

綾織　はい。

福田赳夫　ものすごい大変なことですよ。
　だから、軍隊だと思わないで、警察だと思ったらいいんです。アジアの警察官。「日本は『アジアの警察官』を目指す」ということでやって、同時に、経済的にもプラスになるようなことを考えて、中国と対等ないし対等以上の交渉《こうしょう》ができるようにする。

綾織　はい、はい。
「北朝鮮《きたちょうせん》には『悪魔《あくま》の国』とはっきり言えばいい」

福田赳夫　北朝鮮《きたちょうせん》みたいな国には、もう、レーガンが（旧ソ連に対して）言ったとおり言えばいいわけよ。うーん、「悪魔《あくま》の小帝国《しょうていこく》」だな。「悪魔の国」と言えばいいわけよ、はっきりと。「こんなものを許しておいてはいけない」と言ったらいいわ

福田赳夫　あの世からの提言⑪

「日本は『アジアの警察官』を目指す」という
ことでやって、同時に、経済的にもプラスに
なるようなことを考えて、
中国と対等ないし対等以上の交渉《こうしょう》が
できるようにする。

けよ。
　だから、日本がやったこと（朝鮮併合《へいごう》）は正しかったんだよ。

綾織　はい。

福田赳夫　ああいう国は、もう統治できないんじゃない？　あれは文民が……、文民は違うか。高度な倫理《りんり》と知識を持った人たちが治めないと無理なんですよ。〝原始人・野蛮人《やばんじん》の国家〟なんですからねえ。あれは早く武器を〝丸裸《まるはだか》〟にしないと危なくてしょうがないわなあ。

綾織　はい。

福田赳夫　だから、危険な国が二つあるんで、二つとも何とかして〝折伏《しゃくぶく》〟しなきゃ駄目なんじゃないかなあ。政治家では口が足りなければ、これは宗教の仕事だろうけどな。

いや、君らに言っても足りないなあ……。

綾織　いいえ、ありがとうございます。

福田赳夫　もうちょっと、ちゃんと然《しか》るべき人に言わないと。これは自民党の研修会で使わなきゃ駄目なんだよ。

綾織　はい。そうかもしれません。

福田赳夫　うーん。

アメリカはもはや日本を護《まも》ってはくれない

綾織　安全保障と経済の問題に関しては、本当に一体で取り組んでいき、日本とアジアの平和と繁栄もまた、一体でつくり出していきたいと思います。

福田赳夫　（アメリカの政権が）共和党になったからって必ずしも日本を護《まも》ってはくれないから。やっぱり、損得勘定《かんじょう》からいって損なんだから。アメリカも、軍事費を大きくして赤字になって大変なんだからさあ。

綾織　はい。

福田赳夫　共和党になっても、必ず「自分で護れ」って言うから。民主党になったら、「自分で護れ」とも言わないで、中国との貿易が続くような、そういう「宥和《ゆうわ》戦略」に必ず入るから、日本の立場はもっと悪くなる。必ず。民主党になるともっと悪くなるし、共和党でも「自分でやれ」って絶対に言ってくるから。

綾織　はい。そうですね。

福田赳夫　もう、流れはそう来るしかないんだから。大川隆法さんはそれを見越《みこ》して早くも言っているわけで、自民党のほうはまだ気がついてないんだよ。

綾織　はい。

福田赳夫　もう、来年が分かってるから、見通して言ってるわけで、その方向が正しいんだよ。日本のマスコミはずっと後《おく》れてる。まあ、守旧派なんだよ。ずーっと戦後をそのまま護りたいと思ってるので。関係あるのは、「自分たちのところに軽減税率がかかるかどうか」ぐらいで、それくらいしか関心がない。

綾織　そうですね。

福田赳夫　あと、「部数減をどう止めるか」しか関心がないから。まあ、いずれ止まるだろうよ。どっかの会社が潰れてくれたらね、部数減は止まる。たぶん、ある種の食い合いになるのよ。しょうがないけども、そういう小さいことじゃなくて、やはり、もっと国益に資《し》さなきゃいけないわなあ。

今、潰《つぶ》れていこうとしているマスコミの犯《おか》した罪とは

綾織　本日は、貴重なビジョンを頂きました。

福田赳夫　やっぱり、何か物足《ものた》りなさが残るなあ。

綾織　いえいえ。

表　まだ頼りなく感じられるような……。

福田赳夫　（ＨＳ政経塾の）塾長はどこに隠《かく》れた？　塾長は。ええ？　塾長はどこに……。

綾織　塾長もしっかりと鍛《きた》えております。

数森　あの、まずは塾生が大事ですから。

福田赳夫　その裏か？　裏に隠れとるんか？　え？（会場笑）　あっちか？　どこに隠れたの？　塾長は。

表　本日の先生のお話を、必ずみなで、研修などを通して勉強させていただきます。本日は活《かつ》を入れてくださり、まことにありがとうございました。

福田赳夫　いやあ……、物足りんなあ。やっぱり、国会議員を五百人ぐらい引っ張ってきてやりたいなあ。物足りんねえ。

表　「もう終わっている」と言われた自民党を引き継《つ》いで、幸福実現党がこの日本を引っ張ってまいりたいと考えております。

福田赳夫　まあ、「終わっている自民党」、「始まっていない君たち」。ハハハハハハハハハハ……（笑）。もうどうしようもないじゃないか、これ（笑）。

綾織　それがある意味、日本の問題なのだと思います。

福田赳夫　ええ？　始まってないよなあ。

綾織　何とかそこを埋められるように頑張っていきたいと思います。

数森　人材・知識共に。

福田赳夫　だから、その罪により、今、マスコミは潰《つぶ》れていこうとしているわけで、まあ、それはそれでいいんだよ。君たちを応援《おうえん》しなかったマスコミは潰れていくんだよ。それでいいんだよ。それはそれでいいんだけども、〝国ごと沈む〟のは、ちょっとたまらないからね。

綾織　はい。そういうところもあるかもしれません。

数森　何とか日本を救える人材になるべく精進《しょうじん》します。

福田赳夫　（数森に）いや、君と話すたびに、やっぱり、豚骨《とんこつ》ラーメンが浮《う》かんでくる（会場笑）。

数森　（笑）

福田赳夫　どうにかならんかねえ？

12 福田赳夫の「過去世《かこぜ》」とは？

道鏡《どうきょう》の持つ悪いイメージは後世につくられたもの？

綾織　少し蛇足《だそく》になってしまうかもしれませんけれども、霊界《れいかい》探究ということで、一点確認をさせていただきたいことがございます。

福田赳夫　ああ、ああ。

綾織　先ほどから、「天狗《てんぐ》」や「大《おお》天狗」という言葉が……。

福田赳夫　いい意味でね。

綾織　ああ、なるほど。そうした言葉が何度も出ていますけれども、おそらく、福田さんの魂《たましい》は日本の歴史のなかで活躍《かつやく》されてこられたのではないかと思います。明らかにしていただける過去世《かこぜ》があれば、ぜひお聞きしたいのですが。

福田赳夫　（霊査《れいさ》の結果は）出てるんじゃないの？　おたくで、もう。

綾織　そうですね。「道鏡《どうきょう》」というお名前が……。

福田赳夫　うーん。まあ、イメージが悪いらしいね。日本史観、歴史認識を早く変えるように。

綾織　これは悪い人ではないと？

●道鏡（？～772）　奈良時代の法相宗《ほっそうしゅう》の僧。孝謙《こうけん》上皇（後の称徳《しょうとく》天皇）の病気を癒やしたことで信任を受け、政界に進出。太政大臣禅師《だじょうだいじんぜんじ》、法王と、異例の出世をした。さらに、宇佐八幡宮《うさはちまんぐう》の神託を利用して皇位に就こうとするが、和気清麻呂《わけのきよまろ》らに阻止された（宇佐八幡宮神託事件）。

福田赳夫　うん、悪い書き方にされてるなあ。

綾織　そうですね。

福田赳夫　やっぱりねえ、「血統によって支配者が決まる」っていうシステムには、ちょっと問題はあると思うんだよな。そう思わんか?

綾織　なるほど。そういうところも……(苦笑)。

福田赳夫　賢《かしこ》いのが生まれる場合もあるけどさあ、だけど、血族結婚《けっこん》が長かったからね。やっぱり、おかしいのがときどき出てくるじゃない?　天皇家といえどもなあ。それが元首っていうかさ、「生まれによって皇帝《こうてい》」っていうのは、これを守るのは大変だったと思うんだよな。

そのときに、民間から有力な人が出てきたらさあ、実質上、引っ繰《く》り返るじゃん？　上下《うえした》が引っ繰り返るよな？

綾織　はい。

福田赳夫　それで悪人にされてるところが、そうとうあるみたいだからさ。傑出《けっしゅつ》した能力を持った人が民間から出ただけのことなんだよな。

綾織　なるほど。うーん。

福田赳夫　それが、あんまりにも参謀《さんぼう》能力が高すぎるために、帝《みかど》の地位まで取られるんじゃないかということで、後世には悪者にされてるので。そんな私心《ししん》なんか、もう微塵《みじん》だになかったわけだよ。

綾織　ああ、そうだったんですか。

福田赳夫　もうほんとに、「この国を素晴《すば》らしい国にしたい」という気持ちしか、私にはなかった。

綾織　なるほど。

福田赳夫　いつの時代もそうなんだけどね。いつの時代も。

「福田赳夫の過去世《かこぜ》は趙高《ちょうこう》」という話には偏見《へんけん》がある？

綾織　それから、中国で活躍されたということもお伺《うかが》いしているのですけれども、秦《しん》の始皇帝《しこうてい》のあとに実権を握《にぎ》った●趙高《ちょうこう》という方がいらっしゃって……。

福田赳夫　チッ！　〝悪い〟のを出してくるねえ。

綾織　いやいや（笑）。まあ……。

福田赳夫　なんか、ちょっとイメージ悪くない？

綾織　これは、私も伺った話なので……。

福田赳夫　それには偏見《へんけん》があるんじゃないかなあ。

綾織　まあ、偏見なのかもしれません。もし、ここも何か……。

●趙高（？～前207）　秦の宦官《かんがん》。始皇帝に仕えていたが、帝の死に伴い、二世皇帝に胡亥《こがい》を擁立し、傀儡《かいらい》政権を樹立した。酷法による恐怖政治を行い、ついで胡亥をも殺害したが、のちに即位した子嬰《しえい》によって殺された。

福田赳夫　君らは何？　福田よりも（田中《たなか》）角栄《かくえい》のほうが好きなのかい？　あの土建屋の金持ち、成金《なりきん》のほうが好き？

綾織　「好き」というか、国民的な人気はちょっとあるのかなと。

福田赳夫　それとも、農家の次男だけど、刻苦勉励《こっくべんれい》して、勉強して、一高、東大法、大蔵省《おおくらしょう》と行って、日本を救った福田と、どっちが好きなんかねえ？

綾織　人気は、角栄さんのほうが若干《じゃっかん》高いかなと（笑）。

福田赳夫　それ、おかしくない？　あっちは犯罪人だよ？　まあ、私も●一回、ちょっと捕《つか》まってはいるけど。

●一回、ちょっと捕まってはいるけど……　1948年、化学肥料会社である昭和電工が政界に贈賄を行った事件（昭電疑獄）で、当時、大蔵省主計局長だった福田赳夫は収賄罪容疑で逮捕され、後に無罪となった。

綾織　（笑）

福田赳夫　うーん……。やっぱりね、模範《もはん》にすべきは私のほうなんですよ。やっぱり。

綾織　そうですか。

福田赳夫　ええ。私みたいにちゃーんと勉強した人がね、やっぱり、この国のリーダーにならなきゃいけないんですよ。

大学教育に付加価値をつけるような「教育改革」を

福田赳夫　今、問題なのは、この国の「勉強ができる」ということが、国の発展につながらないところであるわけですよ。

綾織　はい。

福田赳夫　そういう意味で「教育改革」が要《い》るわけです。だから、東京大学以下、有力大学をみんな、なかで勉強したら、「実業界」でも活躍でき、「政界」でも活躍でき、いろんな方面で活躍できるような人材をちゃんとつくれるところにしなきゃいけないわけよ。大学の四年間の教育に付加価値をつけなきゃ。

綾織　はい。

福田赳夫　教育に付加価値がないのにもかかわらず、今、授業料だけ上げようとしてるから、これもまた将来的に厳しいことになろうとしてるわけねえ。

福田赳夫　あの世からの提言⑫

私みたいにちゃーんと勉強した人がね、やっぱり、この国のリーダーにならなきゃいけないんですよ。

今、問題なのは、この国の「勉強ができる」ということが、国の発展につながらないところであるわけですよ。

そういう意味で「教育改革」が要《い》るわけです。

はっきり言えば、企業《きぎょう》なんてのはね、今、大学の教育にまったく期待してない。むしろ、体育会系で、サッカーのボールでも蹴《け》ってるか、野球でもやってくれてたほうが使いやすい。「はい。はい」って言って、長時間働いてくれるからね、文句《もんく》も言わずに。

だから、体育会系の人を一回入れて、会社のなかで自分らで五年ぐらい実務教育して、使えるようにしようと。企業はだいたいずっとそうしてきてるよな。「大学へ入った」っていうのも、入ったときの頭のよさだけを測《はか》れればそれでいいっていう感じで、あとはもう、スポーツをやるか、あるいは、遊んで人脈でもつくってた人のほうがいいっていう。本音はそうだよ。「役に立たない」っていうのははっきりしてる。

役に立たないんだけど、アメリカのほうはもうちょっと実学があるっていうことは、はっきりしてたのね。まあ、今は、ちょっとどうかは知らんけどね。それから、ヨーロッパも没落《ぼつらく》してますよ。古いものにとらわれてるからね。

今、安倍《あべ》政権が迷走《めいそう》しているのは〝祟《たた》り〟の影響《えいきょう》か

福田赳夫　やっぱり、教育内容に、もっとちゃんと実学を入れなきゃいけない。これについては、私は君たちをほめなきゃいけないと思うなあ。その、何だ？「大学」をつくったよな？

綾織　はい。ハッピー・サイエンス・ユニバーシティ（ＨＳＵ）があります。

福田赳夫　そこで、「経営成功学部」とかをつくったよな？

2015年4月に開学したハッピー・サイエンス・ユニバーシティ（HSU）＝千葉県長生村。「人間幸福学部」「経営成功学部」「未来産業学部」「未来創造学部」の4学部からなる。

綾織　はい。

福田赳夫　「経営は成功するとは限らないから、そんな学部はつくれない」みたいなことで、文科省が横槍《よこやり》を入れたんだろ？

綾織　うーん。

福田赳夫　文科省こそ、もうほんとに廃部《はいぶ》ではないけども、廃止したほうがいいんであって、日本の企業にも成功させようとするような遺伝子を持った大学こそ、今は求められている。

やっぱり、これを不認可にした〝祟《たた》り〟により、今、安倍《あべ》政権が迷走《めいそう》してる状態にあるわけですよ。

福田赳夫　あの世からの提言⑬

文科省こそ、もうほんとに廃部《はいぶ》ではないけども、廃止したほうがいいんであって、日本の企業にも成功させようとするような遺伝子を持った大学こそ、今は求められている。

綾織　はい。そうですね。

福田赳夫　あのせいですよ。だから、あの大学ねえ、「幸福の科学大学」か？　あれを認可しておれば迷走してませんよ。

日本のオピニオンリーダーはここ（幸福の科学）なんだろうからさ、今は。そのオピニオンリーダーのオピニオンを〝食い〟ながら政権運営してるのにさあ、そこのところにダメージを与《あた》えて、自分たちの権益を守ろうなんて、そういうちっちゃな心でやってたら、もつわけないでしょう？

綾織　ええ。

福田赳夫　それは駄目《だめ》なんですよ。大学が駄目なのは文科省が駄目だからであるわけでして、それをやり直さなきゃ駄目だよな。

だから、官僚《かんりょう》も駄目なんですよ。本当に仕事ができる人に教育を考えさせないといけないんだな。そうすれば全部変わってくる。

実を言えば、ハッピー・サイエンス・ユニバーシティかな? 知らんけども、これが成功して、その遺伝子がほかの大学に飛び火していって、「学問の改革」がなされ、実際に役に立つ人材を大学の四年間でつくり上げることができるようになったら、日本はもう一段の発展をするんだよ。

綾織　はい。

福田赳夫　学問が駄目なんだよ、今ね。企業が、「それだったら、もう自分で教育したい」って言うんだから。大学には合格だけして、それで頭のアチーブメント（到達度《とうたつ》）がどこまで行ったかを測ったら、あとはもう十八歳《さい》で企業に入って、社内で教育したほうが早いんだよ。そしたら、使える人材はつくれちゃうから。大学でやっても、教授たちは仕事を教えられない人たちばっかりだからさ。要らなくなってきてるんだなあ。
この無駄は大きいよ。教育の無駄ね？　かなり大きいと思うなあ。

綾織　教育改革も含《ふく》めて頑張《がんば》ってまいります。

福田赳夫　そうそうそう。

福田赳夫元総理に「開示されていない新たな転生《てんしょう》」を訊《き》く

綾織　最後の最後に、そのイメージアップとして、もし、お名前が遺《のこ》っているようなほかの転生《てんしょう》がございましたら、お願いします。

福田赳夫　君が尊敬してる人の名前を言ってごらん。

綾織　（笑）たくさんいるわけですけれども……。

福田赳夫　「福田さんぐらいだったら、このくらい偉《えら》い人じゃないか」と思うような……。

綾織　そうですね、天狗系なので……。

福田赳夫　いや、「天狗系」とか、それは分からない。

綾織　あ、違《ちが》うのですか（笑）（会場笑）。

福田赳夫　魂はいろんな面を持ってるかもしれない。
綾織　ああ、なるほど。そうではない方もいらっしゃるわけですね？
福田赳夫　うん。それはあるかもしれないなあ。
綾織　なかなかイメージがつきにくいのですけれども（苦笑）。
福田赳夫　まあ、ないならいいよ。
綾織　そうですね……。
福田赳夫　うーん、ないならいいけどね。ないならいいけど、日本人にはそれだけ偉い人がいないっていうことだな。しょうがないな。「出てこない」っていうことは、「いない」っていうことだよな？

綾織　いえいえいえ。

福田赳夫　いないんだな。しかたない。

「過去世《かこぜ》は水戸黄門《みとこうもん》だった」と主張する福田氏

綾織　タイプとしては、戦国時代あたりにいらっしゃったのかなという気もします。

福田赳夫　うーん……。まあ……、あんまり語ってもしょうがないから。最後のあれは、（生前は）年を取ってからあとは、水戸黄門《みとこうもん》みたいになったこともあるんだけどなあ。

●**年を取ってから**……　福田赳夫氏は、総理大臣退任後も、政界の御意見番として自らを「昭和の黄門」と称し、「世直し改革」を訴えた。

綾織　ああ、確かにそうですね。水戸黄門でもいいですね。

福田赳夫　まあ、ちょっと「正義の味方」にも入れといてほしいぐらいの感じはあるな。

水戸黄門は（他の人の過去世としては）出てきてないだろう？

綾織　そうですね（笑）。

福田赳夫　出てないだろう？

綾織　はい。

福田赳夫　もらっとこう。

綾織　ああ、そうですか（笑）（会場笑）。

福田赳夫　そら、悪いことをした人ばっかり言われると、ちょっと困るんだよなあ。

綾織　はい。なるほど。

福田赳夫　やっぱり、勉強は好きだしさ。諸国漫遊《まんゆう》して、国情はよく見て、ね？　いいんじゃない？　そのあたり、一発いこう。

綾織　はい。では、仮にということで。

福田赳夫　私が、総理大臣が、嘘《うそ》を言うわけないいんだからさあ。

綾織　なるほど。では……。

福田赳夫　入れとこう！　一つ入れとこう！　うん。

綾織　はい。

福田赳夫　あとのちょっと悪いのを、消しとかないといけない。それね。

綾織　はい。では、「そうかもしれない」ということで承《うけたまわ》りました。

福田赳夫　うん。ほかに候補者がいないんだから、しょうがないしね。

綾織　そうですね。

福田赳夫　一人しか立候補しなかったら、その人が〝当選〟だよ。

綾織　ああ、なるほど。

福田赳夫　確実じゃないか。まあ、ライバルが出てきたら、そのときは考えるわ。

綾織　分かりました。

福田赳夫　出なければ私だ。うん、うん。

綾織　はい。では、そういうことにしておきまして、今日は本当に……。

福田赳夫　いやあ、それでいいんだよ。「何と！　福田赳夫の過去世《かこぜ》は水戸黄門だった！」って、人気が急にグワーッと上がるよなあ?

綾織　（笑）はい。まあ……。

福田赳夫　だから、「ジャン、ジャカチャカジャン、ジャンジャン、ジャカチャカ……～♪」（「水戸黄門」のテーマ曲を口ずさむ）で（会場笑）、なんか、小判《こばん》のような感じが背景に出てきて。

綾織　ああ。いいですね。

福田赳夫　いい感じですね。発展するねえ。

綾織　はい。分かりました。では、とりあえず、〝仮置き〟ということで。

福田赳夫　〝仮免《かりめん》〟は駄目よ。〝本免《ほんめん》〟が欲《ほ》しい。

綾織　それは、今後に決まってくるかと思います。

福田赳夫　これは、「ザ・リバティ」の売上にかかわることだよ。

綾織　いや……。では、「そうかなあ」ということで、ちょっと筆を滑《すべ》らせておきます（笑）。

〝財務省退治《たいじ》〟ができなければ日本は発展しない

福田赳夫　とにかく、今、日本は、〝財務省退治《たいじ》〟ができなかったら発展しないからね。

綾織　はい。

福田赳夫　文科省も駄目だけど、財務省を牛耳《ぎゅうじ》られなかったら発展しないから。まあ、角《かく》さんみたいに、「名前を覚えて、する」っていうのもあるかもしらんけど、やっぱり、本道《ほんどう》は私ですからね。

綾織　なるほど。

福田赳夫　私にならら財務省は押《お》さえられるからね。

綾織　はい。

福田赳夫　やっぱり、財務省を押さえないと。今、日銀だけでやろうとしてるけど、もう片方の輪っかだけで走ってるような、まあ、自転車みたいなもん……、自転車は違う。車みたいなものだからさ。やっぱり、財務省のほうが動かなきゃ駄目ですよ。

　財務省を押さえたかったら、福田を「幸福の科学の指導霊団」にガシッと据《す》えることが大事なんじゃないかなあ。

綾織　分かりました。

今日の話は、自民党の勉強会でやればびっくりする内容

綾織　本日は、ある意味、「新しい福田ドクトリン」というものを頂いたと思いますので、これをしっかり具体化していきたいです。

福田赳夫　脱線《だっせん》が多かったから、大して内容はなかったけども。

綾織　いいえ、とんでもないです。

福田赳夫　でも、つまみ出して、自民党の勉強会、研修会でやったら、みんながびっくりするようなことばっかりが幾《いく》つかは入ってたはずだよ。「ええ!?」っていう部分が……。

綾織　そうですね。

福田赳夫　そういう人たちはみんな五十年は後《おく》れてるんだよ、実際はな。だけど、今、改革しないと未来は危ないよ。

綾織　はい。まさに、今日頂いた提言を実行していく力になっていきたいと思います。

福田赳夫　（数森に）まあ、君も、ラーメン屋が発展することを祈《いの》っとるよ。

数森　政治家として頑張らせていただきます。

福田赳夫　いやあ、ほんとの群馬《ぐんま》のラーメン屋は難しいんだよ。もう、「ビルの谷

●ビルの谷間のラーメン屋　小渕恵三元首相の出馬した旧群馬３区は「上州戦争」とも呼ばれる激戦区であり、福田赳夫氏や中曽根康弘氏などの大物議員と争っていたため、自らを「ビルの谷間のラーメン屋」にたとえていた。

間のラーメン屋」が総理になってるんだからねえ、あんた。

綾織　はい。そういう方もいらっしゃいました。

福田赳夫　小渕《おぶち》（恵三《けいぞう》）さんなあ？

綾織　はい。

福田赳夫　分かるかあ？　そういう人もいるんだから。〝ラーメン屋〟はねえ、総理になれるんだ。分かってるか？

綾織　そうですね。〝ラーメン屋〟から頑張っていきます。

数森　はい。

福田赳夫　ああ、うん。まあ、商売精神をしっかり持つことが大事だな。

綾織　はい。今後ともご指導をよろしくお願いいたします。ありがとうございました。

福田赳夫　はい、はい（手を二回叩《たた》く）。

数森・表　ありがとうございました。

13　福田赳夫元総理の霊言《れいげん》を終えて

「国防のビジョン」「経済への指針」を示した福田赳夫元総理

大川隆法　多少、角《かく》さん（田中角栄《たなかかくえい》元総理）との違《ちが》いはありましたかね。

綾織　はい。そうですね。

大川隆法　まあ、危機意識としては、似たようなものを持っておられるようには思いました。やはり、「国防」のところと、「経済における、もう一段の富の創出」というようなところに、それはあるようですね。

例えば、彼（福田赳夫元総理）は、「空と海の両方を護《まも》らないと危ない」ということを言っていました。

また、角さんが、この前の霊言《れいげん》（前掲《ぜんけい》『天才の復活　田中角栄の霊言』参照）で言わなかったこととしては、「富豪《ふごう》が日本に住めるような環境《かんきょう》をつくろうという発想から考えれば、やるべきことは分かる」と言っていましたね。

それと、長期金利も含《ふく》めて、もう金利がゼロに近いレベルまで来ているので、魅《み》力《りょく》的な企画《きかく》があれば、まだまだ将来、発展する余地のあるような政策は考えられるし、国際的にも、それは考えられるということでした。

あるいは、「アジアの警察官ぐらいはやるという意気込《ご》みを持て」ということでしたね。

綾織　非常に明確なビジョンでした。

大川隆法　「世界の警察官というと、またバッシングを受けるかもしれないけれども、アジアの警察官はやりたいというぐらいの希望を持て。そちらの方向に、世論《せろん》を誘導《ゆうどう》していけ」ということでした。

やはり、〝全国ラーメン屋の会〟を率いて、頑張《がんば》らなければいけないですね（笑）。

綾織　ええ。「粘《ねば》り抜《ぬ》け」というメッセージだと思います。

大川隆法　「〝終わっているところ〟（自民党）と〝始まっていないところ〟（幸福実現党）を相手に話をするのは実につらい」という気持ちは、切実に感じました。そんな感じでしたね。

フェアな報道をしないマスコミは〝お取り潰《つぶ》し〟になる

綾織　これから、〝始まり〟をつくりたいと思います。

大川隆法　「始まり」をつくりたいですね。もう忍耐《にんたい》は厳しいところです。そろそろ道が開けないといけません。

なお、「マスコミが〝お取り潰《つぶ》し〟になる」ということについては、「フェア（公平）ではないから」という理由であれば、ある意味で当たっているとは私も思います。

例えば、「鹿児島《かごしま》の川内《せんだい》原発を再稼働《かどう》させよう」と言っていたのは幸福実現党だけだったのに、それについて、功績を認めるようなフェアな報道はありませんでした。反対していたところが当選して、知らん顔をして（再稼働を）やっています。

やはり、こうした点を見過ごすところが、信頼《しんらい》感を失っているように思うのです。フェアネス（公平さ）がないように感じますね。

また、「与党《よとう》のほうが、なるべく新しい政党を出さないように抑《おさ》えている」ということも、おそらくあるでしょう。

いずれにせよ、わが党も、もう一段、力を持ちたいところですね。

では、以上で終わります（手を二回叩《たた》く）。

一同　はい。ありがとうございました。

あとがき

『熊本大地震』が起きてから数日経《た》つ。五年前の民主党・菅《かん》政権下の「東日本大《ひがしにほんだい》震災《しんさい》」に比べれば、被害は少なめであるが、確実に国民心理に不安は広がっている。天《てん》は民主党（現・民進党）政権も、自民党政権も、気にいらないらしいことがよくわかる。両者とも国家社会主義的傾向を目指しており、マルクス的結果平等《けっかびょうどう》主義《しゅぎ》と社会福祉《ふくし》の名の下《もと》の「自由の死滅《しめつ》」に向かって疾走《しっそう》しているからである。これでは投票の自由はあってなきが如《ごと》しである。

この国が、北朝鮮や中国の政体《せいたい》に近《ちか》づいていると感じる人はまだ少ないらしい。しかし日本は、唯物論《ゆいぶつろん》にもとづく、科学的社会主義なるものに接近しているし、国家による計画経済の国になりつつある。ハイエクの言うように、「隷従《れいじゅう》への道」が始まろうとしている。私の本を読み続けている人だけが、この洗脳《せんのう》を解《と》くことができるだろう。

二〇一六年　四月十九日

幸福《こうふく》の科学《かがく》グループ創始者兼総裁《そうししゃけんそうさい》
ＨＳ政経塾創立者兼名誉塾長《せいけいじゅくそうりつしゃけんめいよじゅくちょう》
大川隆法《おおかわりゅうほう》

大川隆法著作関連書籍

『自民党諸君に告ぐ　福田赳夫の霊言』（幸福の科学出版刊）

『現代の正義論』（同右）

『世界を導く日本の正義』（同右）

『新・高度成長戦略

——公開霊言　池田勇人・下村治・高橋亀吉・佐藤栄作——』（同右）

『日米安保クライシス——丸山眞男 vs. 岸信介——』（同右）

『天才の復活　田中角栄の霊言』（HS政経塾刊）

『大平正芳の大復活』（幸福実現党刊）

『政治家が、いま、考え、なすべきこととは何か。元・総理　竹下登の霊言』（同右）

『世界皇帝をめざす男——習近平の本心に迫る——』（同右）

自民党諸君《じみんとうしょくん》に告《つ》ぐ　福田赳夫《ふくだたけお》の霊言《れいげん》

2016年4月27日　初版第1刷

著　者　　大《おお》川《かわ》隆《りゅう》法《ほう》

発　行　　ＨＳ政経塾
〒141-0022 東京都品川区東五反田1丁目2番38号
TEL(03)5789-3770

発　売　　幸福の科学出版株式会社
〒107-0052 東京都港区赤坂2丁目10番14号
TEL(03)5573-7700
http://www.irhpress.co.jp/

印刷・製本　株式会社 研文社

落丁・乱丁本はおとりかえいたします

ISBN978-4-86395-785-5 C0030
写真：共同通信社／時事／dpa/ 時事通信フォト／毎日新聞社／時事通信フォト

大川隆法シリーズ・最新刊

天才の復活
田中角栄の霊言

田中角栄ブームが起きるなか、ついに本人が霊言で登場! 景気回復や社会保障問題など、日本を立て直す「21 世紀版 日本列島改造論」を語る。【ＨＳ政経塾刊】

1,400 円

熊本震度 7 の神意と警告
天変地異リーディング

今回の熊本地震に込められた神々の意図とは？ 政治家、マスコミ、そしてすべての日本人に対して、根本的な意識改革を迫る緊急メッセージ。

1,400円

世界を導く日本の正義

20 年以上前から北朝鮮の危険性を指摘してきた著者が、抑止力としての日本の「核装備」を提言。日本が取るべき国防・経済の国家戦略を明示した一冊。

1,500 円

※表示価格は本体価格（税別）です。

大川隆法ベストセラーズ・地球レベルでの正しさを求めて

正義の法

法シリーズ
第22作

憎しみを超えて、愛を取れ

第１章　神は沈黙していない
――「学問的正義」を超える「真理」とは何か

第２章　宗教と唯物論の相克
――人間の魂を設計したのは誰なのか

第３章　正しさからの発展
――「正義」の観点から見た「政治と経済」

第４章　正義の原理
――「個人における正義」と「国家間における正義」の考え方

第５章　人類史の大転換
――日本が世界のリーダーとなるために必要なこと

第６章　神の正義の樹立
――今、世界に必要とされる「至高神」

2,000円

テロ事件、中東紛争、中国の軍拡――。どうすれば世界から争いがなくなるのか。あらゆる価値観の対立を超える「正義」とは何か。
著者2000書目となる「法シリーズ」最新刊！

現代の正義論

憲法、国防、税金、そして沖縄。
――『正義の法』特別講義編

国際政治と経済に今必要な「正義」とは――。北朝鮮の水爆実験、イスラムテロ、沖縄問題、マイナス金利など、時事問題に真正面から答えた一冊。

1,500円

幸福の科学出版

景気回復法

公開霊言
高橋是清・田中角栄・土光敏夫

明治から昭和期、日本を発展のレールに乗せた政財界の大物を、天上界より招く。日本経済を改革するアイデアに満ちた、国家救済の一書。

1,200円

救国の秘策

公開霊言　高杉晋作・田中角栄

明治維新前夜の戦略家・高杉晋作と、戦後日本の政治家・田中角栄。「天才」と呼ばれた二人が日本再浮上の政策・秘策を授ける。

1,400円

もしドラッカーが日本の総理ならどうするか?

公開霊言
マネジメントの父による国家再生プラン

問題山積みの日本を救う総理の条件とは何か。マネジメントの父・ドラッカーとの奇跡の対話を収録。【HS政経塾刊】

1,300円

もし諸葛孔明が日本の総理ならどうするか?

公開霊言
天才軍師が語る外交&防衛戦略

激変する世界潮流のなかで、国益も国民も守れない日本の外交・国防の体たらくに、あの諸葛孔明が一喝する。【HS政経塾刊】

1,300円

※表示価格は本体価格(税別)です。

大川隆法霊言シリーズ・安倍政権のあり方を問う

吉田松陰は安倍政権をどう見ているか

靖国参拝の見送り、消費税の増税決定──めざすはポピュリズムによる長期政権? 安倍総理よ、志や信念がなければ、国難は乗り越えられない!【幸福実現党刊】

1,400円

父・安倍晋太郎は語る

息子・晋三へのメッセージ

天上界の父親の目には、長期政権をめざす現在の安倍首相の姿は、どのように映っているのか。息子へ、そしてこの国の未来のために贈る言葉。

1,400円

安倍総理守護霊の弁明

総理の守護霊が、幸福の科学大学不認可を弁明!「学問・信教の自由」を侵害した下村文科大臣の問題点から、安倍政権の今後までを徹底検証。

1,400円

※表示価格は本体価格(税別)です。

大川隆法霊言シリーズ・緊迫する東アジア情勢を読む

北朝鮮・金正恩はなぜ「水爆実験」をしたのか

緊急守護霊インタビュー

2016年の年頭を狙った理由とは? イランとの軍事連携はあるのか? そして今後の思惑とは? 北の最高指導者の本心に迫る守護霊インタビュー。

1,400円

中国と習近平に未来はあるか

反日デモの謎を解く

「反日デモ」も、「反原発・沖縄基地問題」も中国が仕組んだ日本占領への布石だった。緊迫する日中関係の未来を習近平氏守護霊に問う。【幸福実現党刊】

1,400円

緊急・守護霊インタビュー 台湾新総統 蔡英文の未来戦略

台湾新総統・蔡英文氏の守護霊が、アジアの平和と安定のために必要な「未来構想」を語る。アメリカが取るべき進路、日本が打つべき一手とは?

1,400円

大川隆法霊言シリーズ・世界の政治指導者の本心

守護霊インタビュー ドナルド・トランプ アメリカ復活への戦略

英語霊言 日本語訳付き

次期アメリカ大統領を狙う不動産王の知られざる素顔とは？ 過激な発言を繰り返しても支持率トップを走る「ドナルド旋風」の秘密に迫る！

1,400円

オバマ大統領の新・守護霊メッセージ

英語霊言 日本語訳付き

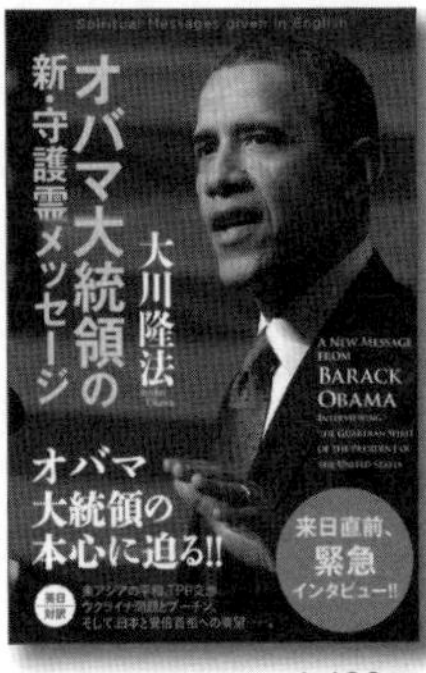

日中韓問題、ＴＰＰ交渉、ウクライナ問題、安倍首相への要望……。来日直前のオバマ大統領の本音に迫った、緊急守護霊インタビュー！

1,400円

ヒラリー・クリントンの政治外交リーディング

同盟国から見た日本外交の問題点

竹島、尖閣と続発する日本の領土問題……。国防意識なき同盟国をアメリカはどう見ているのか？ クリントン国務長官の本心に迫る！【幸福実現党刊】

1,400円

※表示価格は本体価格(税別)です。

大川隆法ベストセラーズ・理想の実現を目指して

政治革命家・大川隆法

幸福実現党の父

未来が見える。嘘をつかない。タブーに挑戦する――。政治の問題を鋭く指摘し、具体的な打開策を唱える幸福実現党の魅力が分かる万人必読の書。

1,400円

父が息子に語る「政治学入門」

今と未来の政治を読み解くカギ

大川隆法　大川裕太　共著

「政治学」と「現実の政治」はいかに影響し合ってきたのか。両者を鳥瞰しつつ、幸福の科学総裁と現役東大生の三男が「生きた政治学」を語る。

1,400円

自由を守る国へ

国師が語る「経済・外交・教育」の指針

アベノミクス、国防問題、教育改革……。国師・大川隆法が、安倍政権の課題と改善策を鋭く指摘！ 日本の政治の未来を拓く「鍵」がここに。

1,500円

幸福の科学出版

幸福の科学グループのご案内

宗教、教育、政治、出版などの活動を通じて、地球的ユートピアの実現を目指しています。

幸福の科学

一九八六年に立宗。信仰の対象は、地球系霊団の最高大霊、主エル・カンターレ。世界百カ国以上の国々に信者を持ち、全人類救済という尊い使命のもと、信者は、「愛」と「悟り」と「ユートピア建設」の教えの実践、伝道に励んでいます。

（二〇一六年四月現在）

愛

幸福の科学の「愛」とは、与える愛です。これは、仏教の慈悲《じひ》や布施《ふせ》の精神と同じことです。信者は、仏法真理をお伝えすることを通して、多くの方に幸福な人生を送っていただくための活動に励んでいます。

悟り

「悟り」とは、自らが仏の子であることを知るということです。教学《きょうがく》や精神統一によって心を磨き、智慧《ちえ》を得て悩みを解決すると共に、天使・菩薩《ぼさつ》の境地を目指し、より多くの人を救える力を身につけていきます。

ユートピア建設

私たち人間は、地上に理想世界を建設するという尊い使命を持って生まれてきています。社会の悪を押しとどめ、善を推し進めるために、信者はさまざまな活動に積極的に参加しています。

国内外の世界で貧困や災害、心の病で苦しんでいる人々に対しては、現地メンバーや支援団体と連携して、物心両面にわたり、あらゆる手段で手を差し伸べています。

年間約３万人の自殺者を減らすため、全国各地で街頭キャンペーンを展開しています。

公式サイト **www.withyou-hs.net**

ヘレン・ケラーを理想として活動する、ハンディキャップを持つ方とボランティアの会です。視聴覚障害者、肢体不自由な方々に仏法真理を学んでいただくための、さまざまなサポートをしています。

公式サイト **www.helen-hs.net**

INFORMATION

お近くの精舎・支部・拠点など、お問い合わせは、こちらまで！

幸福の科学サービスセンター

TEL. 03-5793-1727（受付時間 火〜金：10〜20時／土・日・祝日：10〜18時）

幸福の科学 公式サイト happy-science.jp

政治

幸福実現党

内憂外患《ないゆうがいかん》の国難に立ち向かうべく、二〇〇九年五月に幸福実現党を立党しました。創立者である大川隆法党総裁の精神的指導のもと、宗教だけでは解決できない問題に取り組み、幸福を具体化するための力になっています。

幸福実現党 釈量子サイト
shaku-ryoko.net

Tiwitter
釈量子@shakuryoko
で検索

党の機関紙
「幸福実現NEWS」

幸福実現党 党員募集中

あなたも幸福を実現する政治に参画しませんか。

○ 幸福実現党の理念と綱領、政策に賛同する18歳以上の方なら、どなたでも党員になることができます。
○ 党員の期間は、党費（年額 一般党員5千円、学生党員2千円）を入金された日から1年間となります。

党員になると

党員限定の機関紙が送付されます。
（学生党員の方にはメールにてお送りします）
申込書は、下記、幸福実現党公式サイトでダウンロードできます。

住所：〒107-0052
東京都港区赤坂2-10-8 6階
幸福実現党本部

TEL **03-6441-0754**
FAX **03-6441-0764**
公式サイト **hr-party.jp**
若者向け政治サイト **truthyouth.jp**

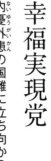

出版
メディア
事業

幸福の科学出版

大川隆法総裁の仏法真理の書を中心に、ビジネス、自己啓発、小説など、さまざまなジャンルの書籍・雑誌を出版しています。他にも、映画事業、文学・学術発展のための振興事業、テレビ・ラジオ番組の提供など、幸福の科学文化を広げる事業を行っています。

アー・ユー・ハッピー？
are-you-happy.com

ザ・リバティ
the-liberty.com

幸福の科学出版
TEL **03-5573-7700**
公式サイト **irhpress.co.jp**

THE FACT
ザ・ファクト
マスコミが報道しない「事実」を世界に伝えるネット・オピニオン番組

Youtubeにて
随時好評配信中！

ザ・ファクト　検索

NEW STAR PRODUCTION

ニュースター・プロダクション

ニュースター・プロダクション(株)は、世界を明るく照らす光となることを願い活動する芸能プロダクションです。二〇一六年三月には、ニュースター・プロダクション製作映画「天使に〝アイム・ファイン〟」を公開。

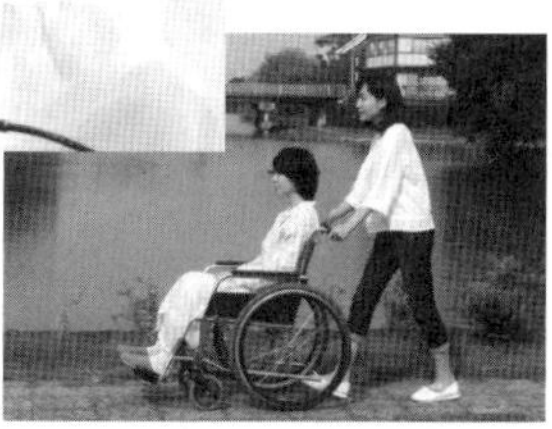

映画「天使に〝アイム・ファイン〟」のワンシーン(下)と撮影風景(左)。

公式サイト
newstar-pro.com

人生の大学院として、理想国家建設のための指導者を養成する

HS政経塾

HAPPY SCIENCE INSTITUTE OF GOVERNMENT AND MANAGEMENT

■HS政経塾とは

幸福の科学　大川隆法総裁によって創設された、「未来の日本を背負う、政界・財界で活躍するエリート養成のための社会人教育機関」です。既成の学問を超えた仏法真理を学び、地上ユートピア建設に貢献する人材を輩出する「現代の松下村塾」「人生の大学院」として設立されました。

大川隆法名誉塾長
「HS政経塾」の志とは

HS政経塾の志をあえて述べれば、「現代の松下村塾はここにあり」というところです。

松下村塾そのものも、山口県萩市にある遺構を見ると、非常に小さな木造の建物ですけれども、あそこから明治維新の偉大な人材が数多く出てきました。

やはり大事なのは規模や環境ではなく、志や熱意を中軸にして、各人の行動力や精進力に火をつけていくことなのです。

したがって、自分に厳しくあっていただきたいのです。あらゆる言い訳を排して、自らに厳しくあってください。自らを律し、自ら自身を研鑽して、道を拓いていただきたいと考えています。

（HS政経塾第一期生入塾式　法話「夢の創造」より）

カリキュラムの特徴

① 仏法真理の徹底教学

信仰心を深め、見識を磨き、宗教立国実現のビジョンを腑に落とします

② プロフェッショナルとしての土台を築く

政策立案や起業に向けた専門的知識と実践力を身につけます。

③ 政治家・企業家としての総合力の養成

体力・気力・胆力に磨きをかけつつ、リーダーとしての人間力や問題解決能力を鍛えます。

塾生募集 ※2016年現在のものです。

国を背負うリーダーを目指す、熱き志ある方の応募をお待ちしています。

【応募資格】 原則22歳～32歳で、大学卒業程度の学力を有する者。

【応募方法】 履歴書と課題論文をお送りください。毎年、2月ごろに第一次募集要項（主に新卒対象）、8月ごろに第二次募集要項をホームページ等にて発表いたします。

【待遇】 研修期間は、3年間を上限とします。毎月、研修費を支給します。

公式ホームページ http://hs-seikei.happy-science.jp/
公式Facebook https://www.facebook.com/hsseikei/
お問い合わせは hs-seikei@kofuku-no-kagaku.or.jp
03-5789-3770 まで。

入会のご案内

あなたも、幸福の科学に集い、
ほんとうの幸福を
見つけてみませんか？

幸福の科学では、大川隆法総裁が説く仏法真理をもとに、
「どうすれば幸福になれるのか、また、
他の人を幸福にできるのか」を学び、実践しています。

入会

大川隆法総裁の教えを信じ、学ぼうとする方なら、どなたでも入会できます。入会された方には、『入会版「正心法語」』が授与されます。（入会の奉納は1,000円目安です）

ネットでも**入会**できます。詳しくは、下記URLへ。
happy-science.jp/joinus

三帰《さんき》誓願《せいがん》

仏弟子としてさらに信仰を深めたい方は、仏・法・僧の三宝への帰依を誓う「三帰誓願式」を受けることができます。三帰誓願者には、『仏説・正心法語』『祈願文①』『祈願文②』『エル・カンターレへの祈り』が授与されます。

植福《しょくふく》の会

植福は、ユートピア建設のために、自分の富を差し出す尊い布施の行為です。布施の機会として、毎月1口1,000円からお申込みいただける、「植福の会」がございます。

ご希望の方には、幸福の科学の小冊子（毎月1回）をお送りいたします。詳しくは、下記の電話番号までお問い合わせください。

月刊
「幸福の科学」

ザ・伝道

ヤング・ブッダ

ヘルメス・
エンゼルズ

INFORMATION
幸福の科学サービスセンター
TEL. **03-5793-1727**（受付時間 火〜金：10〜20時／土・日・祝日：10〜18時）
幸福の科学 公式サイト **happy-science.jp**